PARE DE FALAR E COMECE A FAZER
Um Empurrão em Seis Partes

PARE DE FALAR COMECE A FAZER
PARE DE FALAR COMECE A FAZER
PARE DE FALAR COMECE A FAZER

Sháá Wasmund
e Richard Newton

PARE DE FALAR E COMECE A FAZER

Um Empurrão em Seis Partes

Tradução:
Lucas Portella

MADRAS

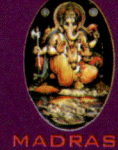

Publicado originalmente em inglês sob o título *Stop Talking, Start Doing – a Kick in the Pants in Six Parts*, por Capstone Publishing Ltd.
© 2012, Sháá Wasmund
Direitos de edição e tradução para todos os países de língua portuguesa (exceto Portugal).
Tradução autorizada do inglês.
© 2013, Madras Editora Ltda.

Editor:
Wagner Veneziani Costa

Produção e Capa:
Equipe Técnica Madras

Tradução:
Lucas Portella

Revisão da Tradução:
Ana Spinelli

Revisão:
Maria Cristina Scomparini
Neuza Rosa

Dados Internacionais de Catalogação na Publicação (CIP)
(Câmara Brasileira do Livro, SP, Brasil)

Wasmund, Sháá
Pare de falar e comece a fazer : um empurrão em
seis partes / Sháa Wasmund e Richard Newton ;tradução
Lucas Portella. – São Paulo: Madras, 2013.
Título original: Stop talking, start doing: a kick in the pants in six parts
Bibliografia

ISBN 978-85-370-0848-5

    1. Autoajuda - Técnicas 2. Autorrealização 3. Sucesso
    4. Sucesso nos negócios I. Newton, Richard. II. Título.

13-04328   CDD-650.1

Índices para catálogo sistemático:
1. Sucesso profissional : Administração 650.1

É proibida a reprodução total ou parcial desta obra, de qualquer forma ou por qualquer meio eletrônico, mecânico, inclusive por meio de processos xerográficos, incluindo ainda o uso da internet, sem a permissão expressa da Madras Editora, na pessoa de seu editor (Lei nº 9.610, de 19.2.98).

Todos os direitos desta edição, em língua portuguesa, reservados pela

MADRAS EDITORA LTDA.
Rua Paulo Gonçalves, 88 – Santana
CEP: 02403-020 – São Paulo/SP
Caixa Postal: 12183 – CEP: 02013-970
Tel.: (11) 2281-5555 – Fax: (11) 2959-3090
www.madras.com.br

Agradecimentos

De Sháá

Este livro é para todas as pessoas que me permitem Parar de Falar e Começar a Fazer. Ninguém pode ser realmente bom se estiver isolado.

À minha Vovó – eles quebraram o molde depois que a fizeram. Você é verdadeiramente insubstituível.

À minha mãe, obrigada por me ensinar a viver sem limites.

Dizem que os amigos são a família que você escolhe, e isso certamente é verdade para mim: Brenda, Lisa, Troy, Kanya, Hulya, Naffie, Chloe, Michelle, Chris, Debra, Gordon, Larry, David, Madeline – eu não seria a pessoa que sou sem vocês todos.

A Rich pelo apoio, incrível habilidade para escrever e amizade.

Para todos os meus chocolatinhos, que tornam o meu trabalho um prazer.

Aos meus novos amigos da OTK, que me ajudaram a melhorar meu trabalho e ofereceram apoio e conselhos valiosos. Obrigada.

Para Andrew, Richard, Nick, Justin e Tosh – o que eu faria sem vocês? Obrigada por sempre estarem por perto e por estarem no meu *corner*.

Acima de tudo, isso é para o meu lindo filho Jett e para o seu maravilhoso, inteligente e engraçado pai, Steve. Sentimos sua falta cada minuto de todos os dias. Meu amor por você é do tamanho do Universo. Este livro é para você.

De Richard

Tantas pessoas já me deram empurrões quando precisei que já gastei a mão de todas. São inúmeras e não caberia mencionar o nome de todas aqui. Mas eu vi este cartaz em um café outro dia e acho que ele diz tudo o que preciso dizer.

A todos:

E se eu deixei alguém de fora, vejam a imagem acima.

Introdução

Este livro era para ser diferente do que é. Não é o que esperávamos que fosse se tornar. Mas, uma vez começado, ganhou vida própria. E agora ele é isto. Como resultado, esperamos que seja melhor do que a ideia original.

Assim é a vida. Coisas boas como esta acontecem apenas se você **toma a iniciativa** para algo. Será dita uma coisa ou outra sobre isso na página 121.

Inicialmente, a intenção era criar um livro direcionado a pessoas prestes a abrir seu primeiro negócio e que precisassem de um empurrão amigo na direção certa. Mas isso mudou.

O ímpeto necessário para se abrir um negócio é o mesmo preciso para alguém que está prestes a fazer **qualquer coisa** na vida. Então, para você – este é o seu empurrão.

Se você deseja fazer algo, mas em segredo teme que nunca o faça, não importa qual seja o objetivo, então o livro talvez o ajude a:

- Viajar à Amazônia;
- Investir em uma requalificação;
- Perder peso;
- Voltar a estudar;
- Escrever um livro;
- Divorciar-se;
- Mudar o rumo de sua empresa;
- Criar arte;
- Aprender a jogar polo;
- Correr atrás daquela promoção no emprego;
- ... OU abrir o seu próprio negócio.

O resultado não é um livro escrito exclusivamente ao profissional empreendedor, mas àquela pessoa de espírito empreendedor. As lições, os conselhos, os cutucões, os cartuns, as piadas, os exageros e as coisas que provavelmente nunca aconteceram de fato... tudo isso se aplica a qualquer um que tente atravessar a ponte entre seus sonhos e a realidade.

INTRODUÇÃO

Falando das coisas-que-provavelmente-nunca-aconteceram-de-fato...

Um lama tibetano estava conversando com um grupo de monges e, para demonstrar sua argumentação, pegou uma grande jarra, colocou-a na mesa em sua frente, buscou algumas pedras do tamanho de punhos e depositou-as, uma a uma, dentro da jarra.

Quando não havia espaço no recipiente para mais nenhuma pedra, ele perguntou: "Esta jarra está cheia?". Todos responderam: "Sim". Ele abaixou-se sob a mesa e pegou um balde com cascalho, jogou um pouco dentro da jarra e sacudiu-a, o cascalho encaixou-se por entre as pedras maiores. Então perguntou de novo: "Esta jarra está cheia?". Os monges estavam começando a entender. "Provavelmente não", respondeu um deles.

"Ótimo!", ele respondeu; abaixou-se sob a mesa e levantou com um balde de areia. Jogou a areia dentro da jarra até preencher todas as frestas. E mais uma vez perguntou: "Esta jarra está cheia?"

"Não!", responderam os monges. "Ótimo!", ele disse, e pegou um jarro d'água que despejou dentro da jarra até que esta estivesse cheia até a borda. Então perguntou: "Qual é a lição desta demonstração?". Um dos monges mais novos respondeu: "A lição é que não importa quão cheio seja o seu dia, você sempre consegue encaixar mais algumas coisas nele".

"Não", disse o argumentador. "A questão é que, se você não colocar primeiro as pedras grandes, nunca mais conseguirá fazê-las se encaixar. Quais são as prioridades na sua vida?"[1]

"Viva A Iniciativa!"

Como ir de
Falar...

Abandone o arrependimento

A zona de desconforto

A descarga

Assumir o controle

Abrace o medo

3

Se ao menos...

MEDO E ARREPENDIMENTO

A velocidade da vida

1 **TIQUE-TAQUE**

Iria, poderia, deveria...

Mudando a engrenagem

Atualize-se

Se não agora, então... nunca?

Parar de sonhar acordado?

O que você deseja?

2 **A COCEIRA**

O que o deixa feliz?

Conheça a si mesmo

Onde você está coçando?

Marshmallows

COMEÇO

Faça o que você diz

O tempo voa

Suba ao ringue

4

Sem hesitação

Estado de fluxo

Ande logo com isso

Propulsão

O perigo da dispersão

Geleia demais?

5

A ARTE DE TOMAR DECISÕES

Qual o seu objetivo?

Um pouco de planejamento

Quebre em etapas

6 ... E AÇÃO

E agora?

Comendo elefantes

... a Fazer

"Coragem é estar morrendo de medo... e ir em frente mesmo assim."
John Wayne

"Ah, os lugares para onde você irá!"
Dr. Seuss

PARTE 1

TIQUE-TAQUE

"O passado é um prólogo."

William Shakespeare

"Atenção!"

Qualquer sargento de qualquer exército em qualquer lugar

A vida tem um ferrão na cauda.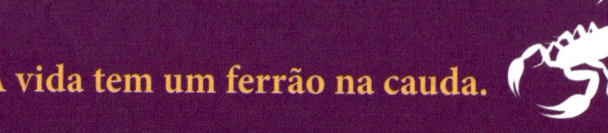

É mais curta do que pensamos.

E ela passa enquanto nos dedicamos tanto às coisas que são realmente importantes quanto àquelas que não são.

Enquanto o tempo voa, nós divagamos, deliberamos, duvidamos e levamo-nos muito a sério, enquanto a toda hora falamos sobre o que iríamos, poderíamos e deveríamos fazer para melhorar o quadro.

E daí ela passa.

Então vamos pôr a conversa em prática.

Afinal, nunca houve o momento ideal, ou o mais urgente, para começar a fazer as coisas que você quer.

Entre na dança.

A Velocidade da Vida

Este livro é sobre começar.

Trata da migração do estado passivo para o estado ativo; o estado no qual as coisas acontecem porque você as colocou em movimento.

É sobre mudar de marcha, mudar a direção, transformar o jeito como você conduz o seu dia, a sua semana, o seu tempo, e sobre tomar o controle disso; tem a ver com deliberadamente colocar um pé na frente do outro e mover-se com propósito, em vez de ser arrastado pela corrente.

Nunca houve momento ideal para começar algo. Agora, mais do que nunca, vivemos em um mundo de oportunidades.

Mas o lado ruim desse mundo de oportunidades – gerado pelas novas tecnologias e novas convenções sociais e profissionais – é que ele nos seduz e acabamos vivendo à deriva.

Coisas como: fazer compras, navegar na internet, tuitar ocasionalmente, comentar fotos e atualizar *status*. Não é que essas coisas não sejam divertidas, nem que sejam necessariamente ruins. Contudo, do mesmo jeito que você pode sentir que está "fazendo" algo (principalmente graças ao poder de bilhões de dólares em *marketing*), pode ter a impressão de que a vida é mais que isso.

"Só deixe para amanhã o que você está disposto a morrer sem ter realizado."

Pablo Picasso

Talvez você sinta uma coceira.

A vida é curta.

Se existe algo que você deseja fazer... agora é uma boa hora para começar.

...Aqui estão quatro razões para isso...

PRIMEIRA razão para empreender algo agora: **VOCÊ PODE**

As engrenagens estão lubrificadas.

O nosso mundo conectado permite às pessoas realizarem sonhos, ideias e iniciativas de uma maneira que nossos antepassados jamais teriam sonhado.

1. Você pode ter acesso instantâneo a qualquer informação.

Quer colecionar canetas-tinteiro de vários lugares do mundo, aprender a colher trufas, encontrar alguém de outro continente que possa desenvolver um aplicativo de celular para você? Quer se requalificar, pesquisar como viajar de bicicleta pelo mundo...? Sem problemas. Está tudo na ponta dos seus dedos.

2. Precisa do auxílio de um especialista?

Então, conecte-se com pessoas que possam ajudá-lo. O crescimento disparado das redes sociais na internet demoliu barreiras entre você e o especialista de que precisa. Elas possibilitam a você pedir conselhos a amigos de amigos (e amigos de amigos de amigos), apresentar-se, compartilhar experiências.

3.
Junte-se à tribo.

Seja lá o que for que você deseja começar – um negócio, uma obra de arte, um projeto social, formar uma parceria entre profissionais de arquitetura da informação –, existem pessoas que compartilham da sua paixão. Quer encontrar pessoas com que trocar canetas-tinteiro antigas? Existem milhares delas. Não é preciso ser o Sherlock Holmes para achar quem compartilhe da sua paixão. Vocês podem apoiar-se mutuamente, aprender e fazer negócios uns com os outros. O autor Seth Godin[2] dá a esses grupos de pessoas com a mesma paixão o nome de "tribos".

4.
As "barreiras de entrada" desmantelaram-se.

Essa é uma expressão no jargão de negócios, e nós não estamos falando apenas sobre negócios. Certo. Mas a questão é que caíram os custos para empreender vários tipos de projetos, empresariais ou não. A maioria das iniciativas digitais sequer necessita de escritórios; funcionam a partir de espaços compartilhados ou em cafés. Isso teve, por exemplo, um impacto no mundo do capital de risco. O poder ficava nas mãos do investidor de capital de risco, porque você precisava de dinheiro para montar um negócio e eles costumavam cobrar juros elevados pela quantia emprestada. Agora que já não custa tanto para começar, o poder está com as pessoas que têm ideias e iniciativa para fazê-las acontecer.

Viva la Revolución!

Viva a iniciativa!

5.
Você já está no centro do Universo.

E, se de fato você está abrindo um negócio ou colecionando canetas-tinteiro pelo mundo, os mercados globais estão escancarados para negócio. Na sala da sua casa.

Você tem a faca e o queijo na mão. Aproveite.

SEGUNDA razão para empreender algo agora:
O Não Convencional é Convencional

As coisas estão mudando.

As convenções sociais que ditavam a maneira correta de se comportar, e cujo ar de reprovação costumava pôr em dúvida os sonhos das pessoas, estão se esvanecendo. Nas cidades grandes, elas já se foram há muito. O mundo está conectado demais e move-se muito rápido para esse tipo de coisa.

1) Sessenta anos atrás, um cavalheiro não iria ao trabalho sem usar chapéu; dez anos atrás, eles pararam de usar gravatas. Agora, você não precisa ir ao trabalho para trabalhar… então vai saber o que as pessoas estão vestindo. Mas até aí: quem se importa?

A sociedade importa-se menos do que antes com conformidade. Isso facilita nadar contra a corrente, fazer algo diferente, desafiar convenções. Se você quiser largar o seu emprego e viajar pelo mundo, aprender malabares, juntar-se a uma comunidade alternativa – seus vizinhos podem até torcer o nariz e lamentar, mas você consegue lidar com isso… Ou pode ser que eles lhe digam como sempre quiseram fazer exatamente o mesmo.

2) O conceito de emprego para a vida inteira também já se foi. As redes que confinavam uma carreira do início ao fim, do aprendizado à cova, já não são mais impostas por ninguém além de você. Não é raro ter três empregos de meio período, ou trocar de emprego a cada dois anos. Em resposta a essa ausência de segurança no emprego, tivemos de nos tornar mais ágeis em nossa abordagem do trabalho. O trabalho autônomo está crescendo.

3) Você vai viver por um bom tempo. A expectativa de vida cresce cada vez mais. Já que você ainda vai ficar bastante tempo por aqui, bem que poderia fazer algo de que gosta pelo máximo de tempo possível.

Leve o kit completo.

As coisas *já* estão mudando.

Alguns exemplos de como o estilo de vida, o trabalho, a sociedade e o lazer estão em transformação.

O país mais empreendedor do Ocidente é construído sobre falências
10% das empresas norte-americanas vão à falência, por ano.
(*Fonte: Paul Omerod, escritor e economista*)

Pessoas gerindo a si mesmas e a mais ninguém
18 milhões de pessoas trabalham em negócios sem patrão. Isso quer dizer que elas não têm chefe e que não existe equipe subalterna.
Elas simplesmente se levantam e fazem.
(Fonte: *Censo dos Estados Unidos*)

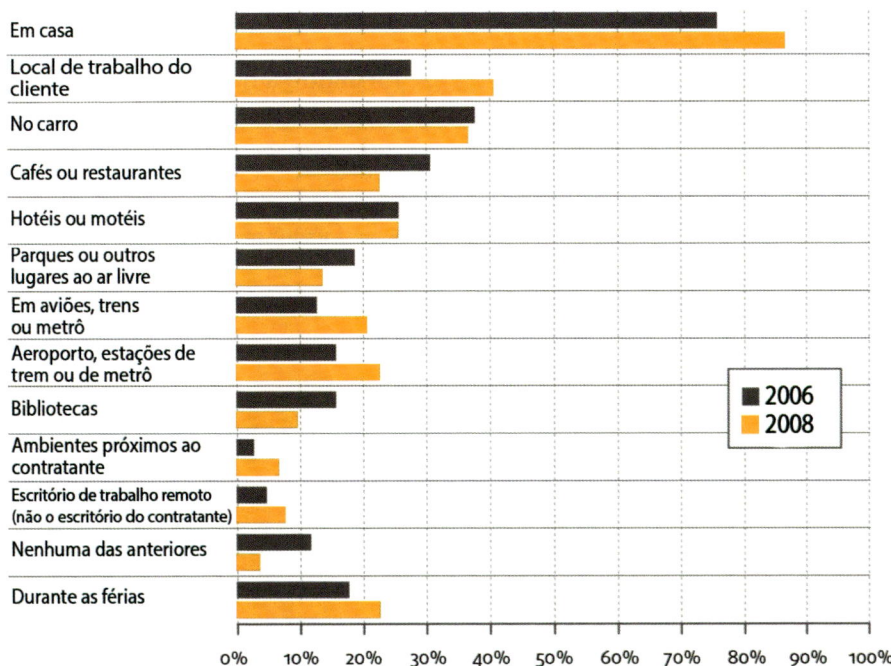

(Fonte: Telework Trendlines 2009, de *World at Work,* usando dados coletados pelo Dierenger Research Group)

Pessoas escapando dos cubículos diariamente
13,5 milhões de pessoas trabalham remotamente todos os dias nos Estados Unidos.
33,7 milhões de pessoas trabalham remotamente ao menos uma vez por mês.

(Fonte: TeleworkTrendlines 2009, de World at Work, usando dados coletados pelo Dierenger Research Group)

Pessoas escapando do cubículo por longos períodos de tempo
Mais de 20% das empresas oferecem um programa de licença que permite aos funcionários usar períodos de tempo significativos para ir atrás de interesses pessoais.

(Fonte: "Boomers Taking More 'Life Sabbaticals'", por Jane Ganahl, 10 de maio de 2011, <www.secondact.com> [em inglês])

Muitos começam do mesmo lugar
Estima-se que um em cada oito profissionais norte-americanos foi, em algum momento, funcionário do McDonald's.

(Fonte: *New York Times*)

... E muitos não: ser diferente está se tornando a nova norma
Em estudo referente a 2011, 34% da população da região metropolitana de Londres nasceu fora do Reino Unido. Isso é acima dos 27% de 2001.

(Fonte: Wikipedia, <http://en.wikipedia.org/wiki/Greater_London> [em inglês])

Há pequenos negócios em todo lugar
2% dos empreendimentos do Reino Unido possuem menos de 50 funcionários.
88% possuem menos de dez funcionários.

(Fonte: Office of National Statistics)

Você viverá mais
Então faça algo de que goste.

	Homens	Mulheres
1930	58.1	61.6
1940	60.8	65.2
1950	65.6	71.1
1960	66.6	73.1
1970	67.1	74.7
1980	70.0	77.4
1990	71.8	78.8
2000	74.3	79.7
2007	75.4	80.4

Expectativa de vida nos Estados Unidos

(Fonte: National Centre for Health Statistics, National Vital Statistics Reports, 54(19), 28 de junho de 2006. <www.cdc.gov/nchs> [em inglês])

E existem muitos de nós por aqui
Cerca de 7% do total de pessoas que já existiram estão vivas hoje.

(Fonte: "How many people have ever lived on Earth?", de Carl Haub. Population Reference Bureau)

O *habitat* predominante da população mundial é a cidade
Porcentagem da população que vive em cidades:

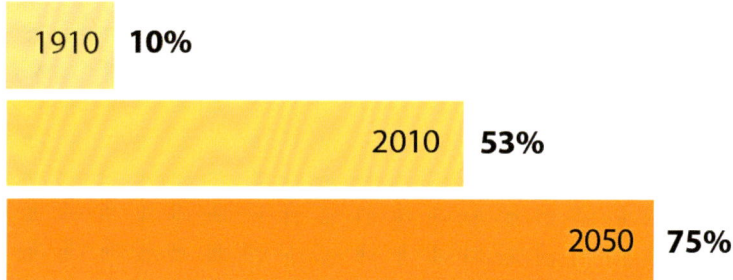

(Fonte: London School of Economics and Deutsche Bank's Alfred Herrhausen Society: The Endless City)

E ainda assim há quem queira fugir da selva de concreto e cultivar a própria comida... (mas às vezes eles têm de esperar)
O tempo médio de espera para se conseguir um lote de terra na Inglaterra: 3 anos. Em algumas regiões de Londres, a espera é de 10 anos. De acordo com uma pesquisa, no distrito de Camden, em Londres, a espera chega a ser de 40 anos.

(Fonte: Pesquisa da LV Insurance, 2009, citada em "Allotment waiting lists: a barometer of our times", David Derbyshire, 15 de fevereiro de 2011. <http://allotmentblog.dailymail.co.uk> [em inglês])

O número de pedidos para integrar a Associação de Apicultores Britânicos subiu 25% em 2009.

(Fonte: "Is urban beekeeping the new buzz?", Peter Jackson, 5 de agosto de 2009. <http://news.bbc.co.uk> [em inglês])

O poder está migrando para o Oriente
Prédios com mais de oito andares em Xangai:
1980: 121
2005: 10.045
Densidade demográfica em Xangai: 26 mil/km²
Densidade demográfica em Londres: 4,8 mil/km²

(Fonte: London School of Economics e Deutsche Bank's Alfred Herrhausen Society: The Endless City)

Você não tem desculpa para não encontrar a sua tribo!
Considere o MeetUp, por exemplo. É uma rede social de grupos que facilita às pessoas se conectarem com quem compartilha dos mesmos interesses. E eles se encontram *on-line* e *offline*.
Número de encontros por mês: 250 mil
Número de tópicos diferentes do MeetUp: 46 mil
Cidades onde acontecem encontros: 45 mil

(Fonte: MeetUp)

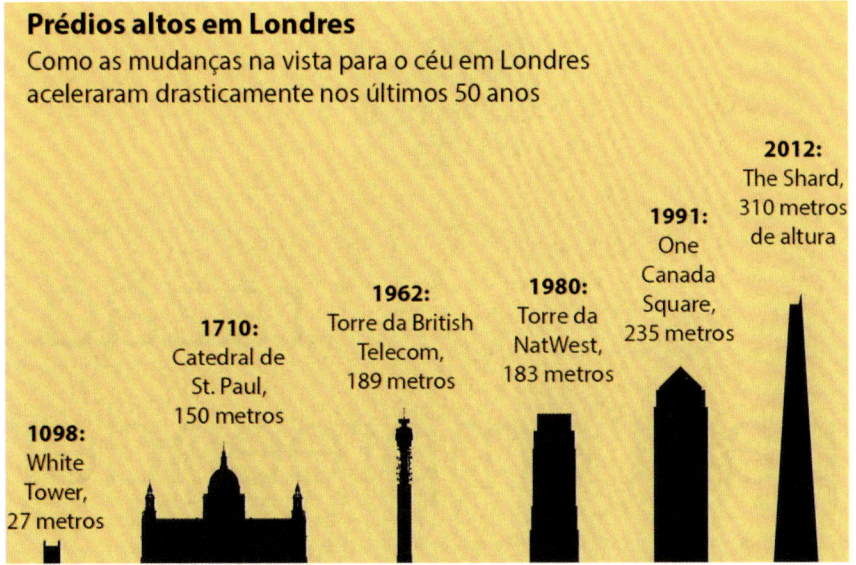

(Fonte: http://en.wikipedia.org/wiki/list_of_tallest_buildings_and_structures_in_london)

Você já não é quem costumava ser
O corpo humano leva de sete a dez anos para renovar cada uma de suas células. O seu corpo é mais novo do que você. De quem são os problemas que travam seu caminho!?

Atualize-se

TERCEIRA razão para empreender algo agora:

A Sensação de Vazio

Será que a vida é isso?

Não há como negar. A tecnologia trouxe o mundo para a ponta dos nossos dedos e ajudou a derrubar os muros das convenções que nos aprisionavam, mas ao mesmo tempo ela também ameaça sugar todo o sentido das nossas vidas. O antídoto para isso é tomar iniciativa, começar algo você mesmo; algo que tenha sentido. Aqui estão algumas coisas com que se deve tomar cuidado:

1. O chão de fábrica. A rotina sem sentido da linha de produção fabril infiltrou-se no mundo do trabalhador de colarinho branco. Na medida em que os empregos fabris migravam do Ocidente para o Oriente, a economia ocidental foi dominada pelos assim chamados "profissionais do conhecimento". Fragmentaram-se as partes constituintes desses trabalhos como se fossem etapas de uma linha de produção e isso expulsou a satisfação exatamente da mesma maneira. Regras e cartilhas regulam todas as decisões e reservam toda iniciativa e poder de decisão para o computador e o escritório central. Você se torna emocionalmente desconectado do seu emprego... E ganha uma coceira.

2. Dias compridos. Os dias de trabalho ficam cada vez mais compridos. No fim das contas, aquele orgulho que se costumava ter com relação à quantidade de horas trabalhadas significa... o quê? Você tem menos tempo livre. Então, o que você FARÁ com ele?

3. Os bancos e a crise financeira. O fruto do trabalho duro, para uma quantidade assombrosa de pessoas, era a habilidade de elevarem suas dívidas ao máximo e comprar a maior casa que pudessem na região em que queriam morar. E então o mercado entrou em colapso. E o preço da sua casa disse "sayonara, querido". E foi aí que você começou a pensar: a vida é isso? Onde está o prazer com o meu trabalho, já que não está no financiamento para compra da casa própria? O que eu preferiria estar fazendo com o meu tempo? E com meu dinheiro? Como eu vou transformar as coisas?

Em resposta à sensação de vazio e à busca por sentido, estamos testemunhando a ascensão de instituições empresariais criadas com razões que não unicamente o retorno financeiro. O escritor Daniel Pink[3] descreve o movimento como sendo dos **Maximizadores de Propósito** – pessoas e entidades estimuladas por outras coisas que não dinheiro:

- O movimento do *software* livre criou poderosas e valiosas organizações, tais como Wikipedia (a enciclopédia *on-line*), Mozilla Firefoz (o navegador de internet e *e-mail*) e Linux (o sistema operacional utilizado por muitas grandes organizações). Essa linha de trabalho dá certo porque milhares de pessoas dedicam gratuitamente o seu próprio tempo e habilidades. Tais negócios vêm sendo classificados como organizações "que visam ao benefício social", e não "que visam ao lucro".
- O estado americano de Vermont criou recentemente uma corporação com responsabilidade social e de fins lucrativos limitados. Isso permitiu que se criassem entidades econômicas cujo propósito era gerar lucros modestos, por certo, mas prioritariamente criar benefícios sociais. Veja da seguinte forma: o direito empresarial geralmente requer que os negócios sejam abertos com o propósito de aumentar os lucros em prol dos acionistas. Agora, esses negócios podem ter outros propósitos – consagrados por lei.
- Vencedor do Prêmio Nobel, o economista Muhammad Yunus[4] foi o criador do conceito de negócio social. Em vez de serem "pelo lucro", essas empresas se guiam "pela não perda". Elas têm de ser economicamente autossustentáveis, mas não são criadas para dar lucro aos seus fundadores, e sim para prover alguma forma de melhoria social.

Isso não quer dizer que buscar lucro seja algo necessariamente ruim. De maneira alguma. Mas essa tendência mostra uma apreciação crescente de como as pessoas podem sentir-se tremendamente motivadas e recompensadas pelo sentido intrínseco do que elas FAZEM, e não apenas por um plano de retorno financeiro.

Está esperando por um lote urbano de terra para trabalhar antes de começar a esperar para deixar a cidade e cultivar suas próprias hortaliças em seu próprio jardim?

Não aprisione seu sonho a esperas.

Bote a mão na massa.

Comece.

QUARTA razão para empreender algo agora:

O barulhinho do relógio...

Tique

Uma coisa a tecnologia não alterou.

Você não viverá para sempre.

Pode ser até que viva um pouco mais, mas esse é mais um motivo para começar a investir na vida que você quer, e não somente nesta que você tem.

Outra coisa que a tecnologia não alterou: clichês sobre a passagem do tempo. O fato é que clichês e truísmos atravessam gerações por algum motivo...

E as areias do tempo seguem se esgotando, até mesmo enquanto você vira esta página.

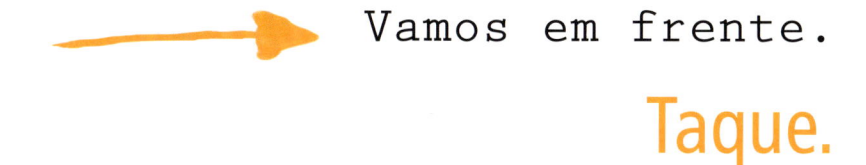

⟶ Vamos em frente.

Taque.

106 bilhões de lições sobre por que **AGORA** é o momento certo para **COMEÇAR...**

100 bilhões
...e aumentando

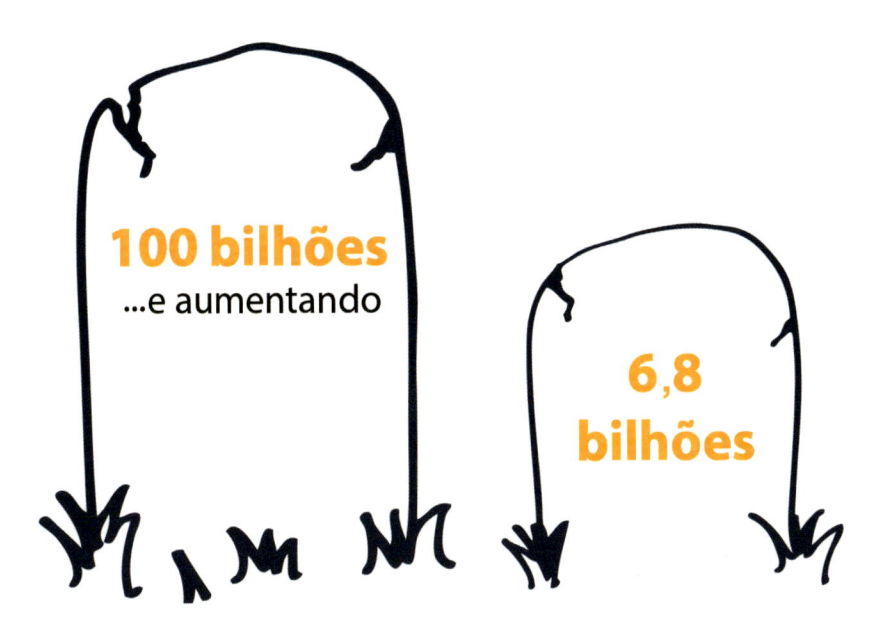

6,8 bilhões

Número estimado de seres humanos que já morreram na história do Universo. Desde o início.[5]

Número total de seres humanos vivos hoje, que é o período mais populoso da história do mundo. Até agora.

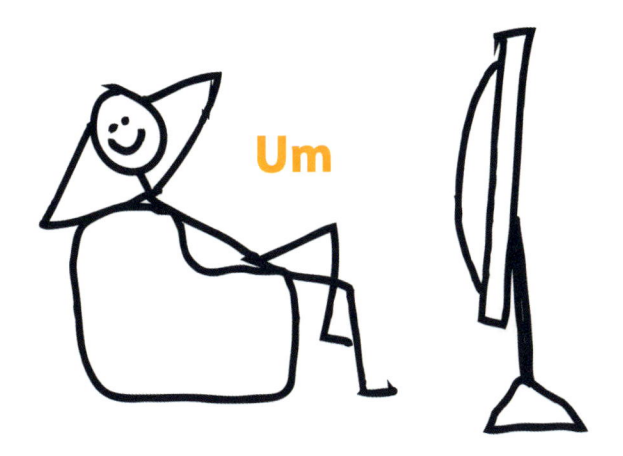

Um

É o número total de chances que você tem de viver a vida que ganhou na história do mundo, do Universo e de todas as dimensões espaço-tempo visitadas em todos os episódios de *Star Trek* (e derivados)... Antes de você se somar ao número de aproximadamente 110 bilhões de lápides já fincadas na terra, quando bater as botas.

Questão: Você Vê Você Mesmo Neste Quadro?

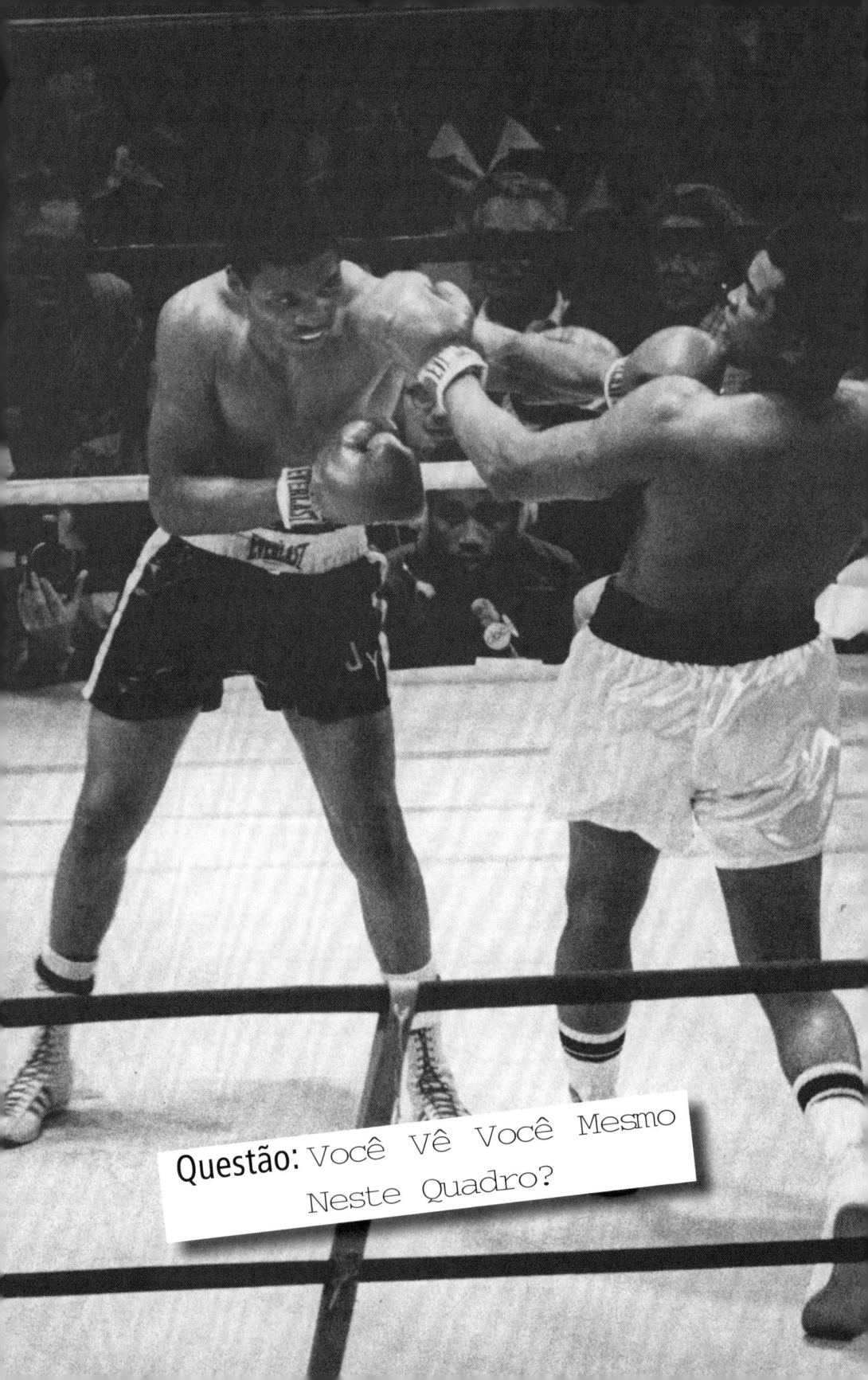

Dentro do ringue, dois sujeitos lutam por seus próprios sonhos.

Ambos ousaram grandes proezas e ambos tiveram histórias incríveis para contar.

E fora do ringue há centenas de rostos anônimos assistindo a outras pessoas lutando por seus sonhos.

O sentido?

Você não quer ser um rosto anônimo no meio da multidão de sua própria história de vida.

Seria uma vida de arrependimentos.

Você tem de enfrentar os seus medos e subir no ringue.

PARTE 2

A COCEIRA

"Metade de saber o que você quer fazer é saber do que deve desistir antes de conseguir."

Sidney Howard

"Precisamos, em primeiro lugar, definir o problema. Se eu tivesse uma hora para salvar o mundo, passaria 59 minutos definindo o problema e apenas um minuto buscando as soluções."

Albert Einstein

Você foi picado.

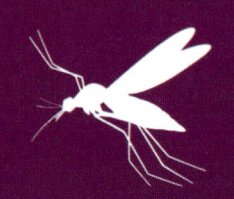

E agora tem uma coceira.

Uma coceira do tamanho da picada de um mosquito.

Ou uma coceira do tamanho do Monte Everest, talvez.

Talvez você nunca encontre a paz até escrever seu romance, começar seu próprio negócio, obter aquele emprego, ou trabalhar naquele ramo dos sonhos.

A primeira coisa a se fazer é reconhecer a coceira.

Reconheça-a e já terá andado metade do caminho. Porque assim, ao menos, você sabe onde deve focar sua atenção

O trem

Então o primeiro passo é saber o que você deseja. O que é que você deseja começar a mudar?

Tem a ver com trazer alguma novidade para a sua vida, ou é algo ainda maior?

Não existe uma resposta que seja universalmente correta. Existe apenas a resposta certa para você.

Então pegue um papel e uma caneta, saque o seu iPad ou empunhe um pedaço de giz...

Escreva qual é a coisa que você mais deseja fazer. Aquela coisa que faria a maior diferença na sua vida, ou que lhe traria a maior felicidade.

Mantenha o foco e a simplicidade.

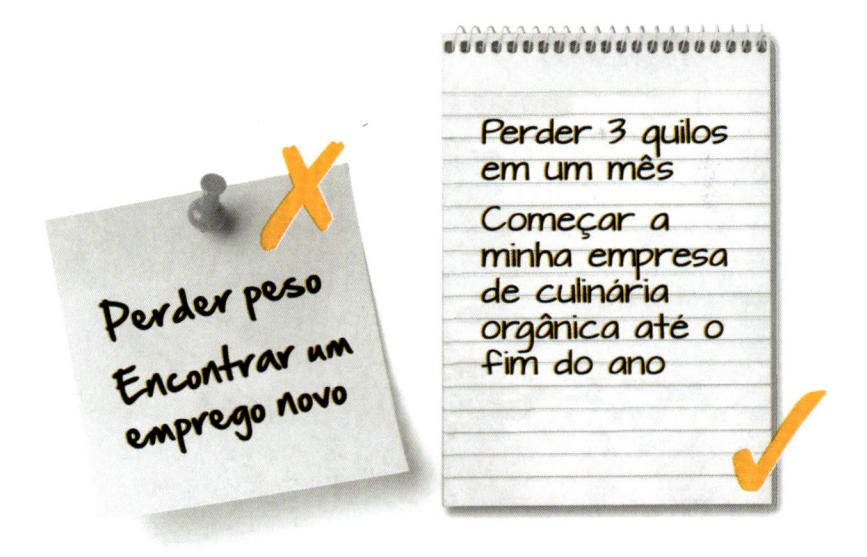

Isso não vai funcionar — Perder peso / Encontrar um emprego novo

Isso vai — Perder 3 quilos em um mês / Começar a minha empresa de culinária orgânica até o fim do ano

Faça isso agora. Vamos exercitar esse músculo do "fazer"!

Qual assento você quer ocupar no trem?

- terminando cedo para jogar golfe
- pegando leve
- deixando trabalho no escritório
- sempre correndo para construir um negócio
- trabalhando duro para me aposentar cedo
- realizando o desejo de dirigir um trem

TREM DA SUA VIDA

#1 (primeiro (e único))

Todos a bordo do: Trem da Sua Vida

Você pode ter uma vida feliz se escolher um emprego que permita sair às 5 horas da tarde, todo dia, pontualmente, do escritório direto para jogar uma casual partida de golfe em longos fins de tarde no verão.

Mas tenha em mente que, enquanto esse estilo de vida pode se assemelhar à ideia que você tem de perfeição, ele pode assumir ares de rotina claustrofóbica para outras pessoas.

É possível que o ideal delas sejam as mudanças constantes ou, talvez, os prazos maníacos (dizem que os escritores são assim).

Pensando em uma linha mais pragmática, pode ser que você precise de um emprego previsível e relativamente pouco exigente, de modo a focar sua energia real em outro projeto – um negócio próprio ou, talvez, sua paixão por culinária. Uma vez que você reconheça as virtudes do emprego atual, pode acabar descobrindo que tem menos razões para se frustrar.

E há também a dura e óbvia realidade da sua situação pessoal.

A maioria das pessoas é limitada pelas obrigações familiares ou restrições econômicas. Outras, por enfermidades. Isso é real, e, naturalmente, você precisará de boas estratégias de navegação para passar por esses obstáculos sem precisar abrir mão das suas ambições. Suas opções poderão ser vastas como o mar, se assim você quiser – alegre-se e tire o maior proveito possível!

"O que um homem pode ser, ele deve se tornar."

Abraham Maslow

Onde é a sua coceira?

Examine-se para localizar a coceira.

Infelizmente, nem todo mundo sente aquela necessidade urgente de fazer ALGO em particular. Às vezes existe apenas uma sensação de que a vida poderia ser melhor.

Para aqueles que são abençoados com um "chamado", é simples responder à questão: "Qual é a sua paixão?"

Mas para muitos de nós é mais difícil.

O escritor Daniel Pink[6] diz que essa é a pergunta errada, em qualquer caso. O certo, diz ele, é perguntar:

"O que você faz?"

A resposta que você deve dar não tem necessariamente a ver com a carreira (sou contador/sou mãe em período integral), e sim com as outras coisas que você faz. Em outras palavras, Pink o encoraja a observar o que você faz em paralelo à sua atividade principal.

Com isso, a ideia é examinar como você usa seu tempo livre. Por onde sua mente vagueia quando você tem um momento de ócio? Para quais atividades você abre espaço na agenda? Durante os momentos mais tranquilos no emprego, você escreve poesia, rabisca, rascunha receitas e ingredientes em um pedaço de papel, edita as suas fotografias, checa os últimos atletas da ciência ou de resistência, ou faz coisa completamente diversa? Para onde sua mente navega? Em volta de quais blogs e *sites* você gravita? Para qual atividade você se dedica, mesmo sem ser remunerado?

Aí reside a sua resposta. Uma delas, pelo menos.

"Em 20 anos nos tornaremos muito mais ricos, mas será que seremos mais ricos como pessoas – mais felizes?"

Richard Nixon, 1968, ex-presidente dos Estados Unidos

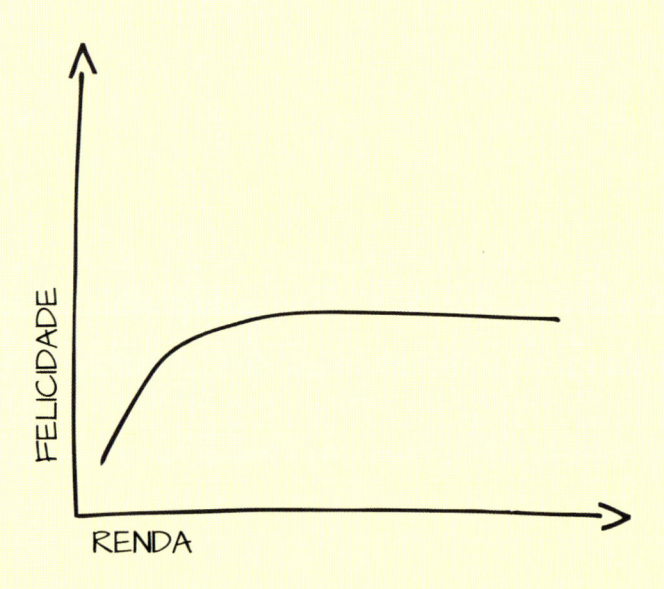

[Gráfico: eixo vertical FELICIDADE, eixo horizontal RENDA, mostrando curva que cresce rapidamente e depois estabiliza]

O economista Richard Easterlin diz que, uma vez que as suas necessidades básicas estão garantidas, um aumento na média da sua renda não leva necessariamente a um aumento da média de felicidade. A pesquisa dele mostrou que, apesar de a riqueza, ou renda *per capita*, ter subido regularmente entre 1947 e 1970, a média de felicidade declarada pelas pessoas não subiu, a despeito do crescimento de renda que elas vivenciaram. Alguns economistas desafiaram essa teoria recentemente, mas a maioria aceita que a ligação entre as duas grandezas não é direta.

Por que as pessoas são levadas a FAZER outras coisas além de ganhar dinheiro?

Em um mundo obcecado com riqueza e celebridades (que, por sua vez, esbanjam e representam a riqueza), pode soar errado dizer que dinheiro não é a solução. Aqueles que não têm muito certamente sabem que ele facilita a vida; e, mesmo assim, os ricos poderiam proclamar com toda honestidade: "Dinheiro não traz mais felicidade".

Se o dinheiro não traz felicidade, o que você deveria estar fazendo?

Como saber se ceder à sua coceira vai torná-lo mais feliz?

O psicólogo Abraham Maslow[7] argumenta que investir em algo que se adora fazer traz felicidade porque realiza suas "necessidades mais elevadas".

Segundo ele, o ser humano é guiado por cinco categorias de necessidade:

Física, de Segurança, Social, de Autoestima e Autorrealização.

O dinheiro geralmente ajuda a satisfazer algumas dessas necessidades, mas não todas, e provavelmente não a mais pessoal – Autorrealização.

As coisas que você precisa TER e as coisas que você quer FAZER

Autorrealização	**SER TUDO O QUE VOCÊ PUDER SER**
Reputação/Autoestima	DINHEIRO, PODER, *STATUS*
Amor/Pertencimento	AMIGOS, AMOR, TRIBOS
Segurança	EMPREGO, CASA, SAÚDE
Necessidades fisiológicas	AR, COMIDA, ÁGUA, DORMIR

O QUE VOCÊ QUER ↑
DO QUE VOCÊ PRECISA ↓

Hierarquia de necessidades de Maslow

Em direção à base da pirâmide estão as suas necessidades básicas. Antes de mais nada, é com elas que você precisa lidar (que importa sua paixão pela ideia de velejar no Caribe, se está tão cansado que não consegue nem pensar?).

Você precisa de comida para se alimentar, precisa se manter seco e aquecido. Depois disso, tem de estar fisicamente fora de perigo e necessita ter segurança (segurança financeira, inclusive).

Esses dois níveis mais baixos da pirâmide garantem a sua sobrevivência e são requisitos mínimos. Depois, você precisa se sentir parte de algo – seja de uma família, de um grupo de amigos ou, para alguns, de algum grupo que partilhe os mesmos interesses.

Satisfeitas essas necessidades básicas, você, segundo Maslow, é estimulado a buscar o conforto de ter uma boa reputação e ser tido em alta conta não apenas pelos outros, mas, sobretudo, também por si mesmo.

De fato, ter um carro rápido pode ser uma forma de ser estimado por algumas pessoas... mas fazer caridade ou ser especialista em apicultura urbana, também.

Com essas quatro necessidades satisfeitas, você pode passar a dar atenção à sua coceira ou, como prefere Maslow, "Autorrealização". Isso diz respeito a realizar o seu potencial. "O que um homem pode ser, ele deve se tornar", diz Maslow.

Sua necessidade mais forte pode ser a de se tornar o melhor professor que puder, o dono de seu próprio negócio, um excelente fotógrafo ou a pessoa que consegue segurar a respiração por mais tempo debaixo d'água.

Desnecessário dizer que o ato de Realizar-se está em fazer... e não em ficar falando sobre fazer.

Em defesa de falar

Não entenda mal.

Essa urgência de converter a fala em ação não torna ruim o ato de falar. Pelo contrário, falar é bom.

É uma das melhores maneiras de explorar ideias e opções e de mantê-las em análise para ver se os planos fazem sentido, se seu raciocínio é sólido.

O falar tem a vantagem de ser um jeito infalível de saber quando algo o está incomodando. Se você fala muito sobre alguma coisa, então é provável que não esteja conseguindo tirá-la cabeça, e isso é um sinal de que precisa fazer algo a respeito. Então escute a si mesmo.

E, se você realmente está levando a sério a ideia de empreender algo, então faz todo o sentido conversar sobre o assunto com as pessoas.

O falar é metade de um dos valores indispensáveis da vida – o conversar.

Mas quando você falar sobre o que irá fazer... faça-o com propósito.

As pessoas o escutarão se acreditarem que, quando você diz que fará algo, irá realmente pôr o discurso em prática.

Você poderia chamar isso de abordagem Ronseal, em homenagem à marca de produtos "faça você-mesmo", cuja campanha publicitária ficou famosa no Reino Unido:

FAZ O QUE ESTÁ ESCRITO NA LATA

Mais motivacional é a abordagem Muhammad Ali. Ele era tão hipnotizante quando falava como foi cativante no ringue.

A lição de Ali: se você falar muito e fizer muito, então você é realmente extraordinário.

Braggadocio

Brag`ga*do"cio(?), n.

Derivado* de Braggadocchio, um personagem fanfarrão do poema "A Rainha das Fadas", célebre obra do inglês Edmund Spencer]

1. Fanfarrão; bufão; gabarola

2. Vanglória vazia; mero alarde; pretensão.

Fonte: *Webster's Revised Unabridged Dictionary* (G. & C. Merriam Co., 1913, editado por Noah Porter)

...Ou como diria Mr. T, do Esquadrão Classe A:

> "Tolo, você está cansando os meus ouvidos."

---

* N. T.: Derivação utilizada apenas na língua inglesa.

Fé em si mesmo e tagarelice – se essas coisas não são sustentadas por ações, deixam as pessoas desinteressadas. Se você está usando a palavra "eu" em todas as frases, então precisa fazer algo:

...algo como fechar o bico.

> Blá... blá... eu... [hipocrisia]... [ladainha]... eu... [chatice]... [tagarelice]... eu, eu mesmo e eu... EU... eu sou... eu vou...

A menos que... Bem, aqui está uma pessoa que falava muito e cumpria o prometido...

"Eu sou o astronauta do boxe. Joe Louis e Dempsey eram nada mais do que pilotos de jato. Eu estou em um universo próprio."

"Eu sou o melhor, e eu já falava isso antes mesmo de saber que era verdade."

"É difícil ser humilde, quando se é incrível como eu."

"Se você sequer sonhar em me derrotar, é melhor acordar e pedir desculpas."

"É a repetição de afirmações que nos levam à crença. E, uma vez que essa crença se torna uma convicção profunda, as coisas começam a acontecer."

"Eu pensei que, se falasse o suficiente, eu convenceria o mundo de que sou o melhor."

"Se você consegue bancar o que afirma, não está se vangloriando."

Muhammad Ali
Campeão mundial dos pesos-pesados

Em uma linha mais filosófica:

> "Um homem de 50 anos que enxerga o mundo como fazia aos 20 desperdiçou 30 anos de vida".
>
> "Aquele que não possuir coragem para assumir riscos nunca vai conquistar nada na vida."
>
> "Não é a montanha a ser escalada à sua frente que o deixa cansado. É o pedregulho no seu sapato."
>
> "O silêncio vale ouro quando não se consegue pensar em uma boa resposta."
>
> Muhammad Ali
> *Campeão mundial dos pesos-pesados*

... e de ouvir

(A outra metade do indispensável bem que é a conversa.)

Você não consegue ouvir nada se não para de falar. E é uma ótima maneira de aprender. Não escute apenas o que se ressalta, escute as entrelinhas também. Na maioria das vezes, as coisas que costumam passar despercebidas são as que revelam as pistas mais certeiras.

Um teste de retórica para reforçar a ideia:
Quando encontra alguém mais inteligente, você:

a) Fica quieto e escuta
ou
b) Fala sem parar?

A COCEIRA

Você deve conhecer aquela anedota segundo a qual existe uma boa razão para termos duas orelhas e uma boca.

> Eu gostaria de saber sua opinião sobre este assunto

> Blá... Blá... Blá...

Fazedores. Falam sobre o assunto e ouvem, aprendem, FAZEM

Falastrões. Falam e falam sobre fazer as coisas

Duas advertências...

Advertência Quanto a Aplausos

Examine cuidadosamente seus motivos. Você está empreendendo algo porque é isso que quer fazer ou está em busca da aprovação alheia? Suplicar pelos aplausos de uma plateia volúvel é um jeito muito perigoso de ir atrás dos seus sonhos. Você é dependente das outras pessoas. Isso não é Autorrealização.

Advertência Quanto à Responsabilidade

Se as coisas que você busca terão grande impacto em sua vida ou na vida de outros (particularmente na de seus dependentes)..., pense com calma a respeito das razões que o levam a seguir adiante antes de se aventurar.

O ato de empreender atrai todo o tipo de críticas e reclamações por razões compreensíveis, porém equivocadas...

Somos todos interdependentes em nossas vidas.

Reconfortamo-nos ao ver os colegas do escritório todos os dias, mesmo se não falamos com eles ou, talvez, sequer gostemos deles.

Ver sempre as mesmas coisas acontecerem pelos motivos de sempre significa que não há nenhuma surpresa desagradável. A rotina é algo confortável.

De alguma maneira, ela confirma que estamos fazendo as coisas da maneira correta, mesmo se parte da rotina é juntar-se com outras pessoas em torno da máquina de café para resmungar sobre como tudo é tão terrível.

Então, se você estiver prestes a fazer algo diferente – transformando as suas intenções em atos e subindo no ringue –, estará perturbando o *status quo* e, consequentemente, pode acabar descobrindo que criou um exército de críticos sem querer.

> Uhm. Isso é culpa sua. ➤ **Você está sendo assustador.**

Pois, quando você muda, sua relação com tudo e com todos também se altera.

Isso realmente assusta as pessoas. Aquelas que se surpreenderam por você ter transformado conversa em ação provavelmente irão redobrar as críticas às suas ideias; elas tentarão dissuadi-lo; questionarão seus motivos e, de modo geral, farão de tudo para que você desista. Nem todo mundo fará isso, mas bastará para balançar sua confiança em si mesmo.

Não permita que isso o paralise. Simplesmente compreenda que, quando você sai da zona de conforto, as outras pessoas também vão se sentir um pouco desconfortáveis.

Isso é normal. Não se irrite. Lide com isso. É uma reação humana. Nunca se sabe – você no lugar deles talvez fizesse o mesmo.

Mas não viva a sua vida com a limitação de outros.

...E agora aceite o fato de que você também será criticado pelas razões corretas.

Engula logo. Se você receber críticas construtivas sobre os seus planos de negócios, seu estilo de pintar, seus sonhos de ser promovido, seu plano de viagem, não as ignore.

Pese os méritos dessa crítica; pode ser que ela seja sensata. E esse tipo de crítica pode aperfeiçoar os seus planos.

Em outras palavras, você precisa discernir quais são as críticas construtivas e quais são oriundas do medo que outra pessoa tem do desconforto.

Caminho batido

Caminho novo

"Você não pode ficar no seu cantinho na floresta esperando que as pessoas venham até você. Precisa ir até elas de vez em quando."

Ursinho Puff

vá em frente

O mundo não está conspirando contra você. (Apenas parece estar. De vez em quando.) Alguns conselhos para os "perseguidos"

Já que estamos sendo sinceros. Você sofre da síndrome do "coitado de mim", o complexo de perseguição? É isso que está impedindo você de dar atenção à sua coceira?

Algumas pessoas pensam que não conseguem ter sucesso porque o mundo está contra elas. Não está. Ele meio que está contra todo mundo.

Para algumas pessoas, entretanto, essa sensação persecutória pode ser prejudicial. O filósofo e matemático Bertrand Russel[8] desenvolveu quatro regras para manter a mania de perseguição bem longe:

1. "Não superestime os seus próprios méritos"

Se ninguém gosta das suas pinturas, ou do seu plano de negócio, considere que talvez tenham razão e você não é muito competente naquilo. Dentro de cem anos nós saberemos se realmente foi um desperdício de algumas boas telas ou se você realmente "era movido pelo desejo de criar obras-primas não reconhecidas".

Se parecer que seus amigos têm razão, então realmente é uma coisa dolorosa aceitar que seus méritos não são tudo o que você esperava. Mas reconhecer isso agora – em vez de pensar que o mundo está tentando esmagá-lo – significa que você consegue seguir em frente, reconstruir, reorganizar seus objetivos e começar novamente, com objetivos que você possa alcançar.

2. "Não espere despertar tanto interesse dos outros quanto você desperta em si mesmo"

Não espere muita coisa das outras pessoas. Todo mundo tem seu próprio ego, suas próprias necessidades. Se eles dão as costas quando você pede ajuda, pode ser que você esteja lhes pedindo demais, e não que eles sejam egoístas. O problema pode ser o seu ego.

3. "Lembre-se de que suas motivações nem sempre são tão altruístas quanto podem parecer a você"

Aqueles que creem que a própria "coceira" é de relevância moral mais elevada, têm maior probabilidade de se sentir perseguidos. Afinal de contas, uma missão com propósitos altruístas elevados provavelmente precisa de um apoio especial extra, e não indiferença e críticas. Talvez seja verdade que seu caráter seja mais altruísta do que seus companheiros.

Mas talvez você deva verificar novamente as suas motivações.

"Pessoas que têm em alta conta sua própria conduta moral", diz Russel, não estão sendo sinceras consigo mesmas. Como consequência, correm grave perigo de se sentirem perseguidas quando os outros questionam os motivos por trás de suas ações.

4. "Não imagine que a maioria das pessoas se importa o suficiente com você para persegui-lo"

Pessoas normais não passam as horas livres criando planos mirabolantes para atingir você. Elas estão ocupadas demais tentando pagar o aluguel e pensando por que a chaleira está fazendo um barulho engraçado. Pensar que você é importante a ponto de ser colocado em realce por alguma força oculta para depois ser esmagado, ignorado, ou sempre receber multas por estacionar mal, é um pensamento baseado em uma vaidade sua de acreditar que tem alguma importância especial neste mundo.

Mas, se você começar a fazer alguma coisa especial, pode ser que isso mude...

FALASTRÕES E SONHADORES INVETERADOS

Parabéns, é aqui que vocês descem.

Talvez você esteja satisfeito em ser um falastrão com relação às coisas que gostaria de começar, em vez de ser o tipo de pessoa que realmente vai em frente e realiza algo.

Não tem problema. O mundo está cheio de pessoas assim.

Como disse o comediante George Burns:

"É uma pena que todas as pessoas que sabem como governar um país estejam ocupadas demais dirigindo táxis e cortando cabelo".

Não tem como negar que é divertido falar sobre o que você faria.

Mas tenha em mente que você pode começar a esgotar a paciência das pessoas.

Se detectar dentes rangendo ou ouvidos sangrando quando começa a falar dos grandes planos que não tem a menor intenção de colocar em prática:

"Falar não cozinha o arroz."

Provérbio chinês

Pois então.

O restante do livro é para aqueles que desejam transformar palavras bonitas em dinamismo e desmantelar todas as possibilidades de não começar o que querem e coçar suas coceiras...

PARTE 3

MEDO E ARREPENDIMENTO

"Aquele que não tem coragem suficiente para assumir riscos jamais vai realizar nada na vida."

Muhammad Ali

"Em 20 anos você estará mais arrependido pelas coisas que você não fez do que pelas coisas que realizou. Então, liberte-se das amarras. Navegue para longe do seu porto seguro. Circule com os ventos alísios em suas velas. Explore. Sonhe. Descubra."

Mark Twain

Quando o assunto é assumir o controle de sua própria vida e transformar o discurso em ação, o que detém a maioria das pessoas é o medo. O medo tem o seu lugar. Nossos ancestrais possuíam um senso muito aguçado de medo que despertava sempre que escutavam qualquer ruído fora do normal.

Mas isso servia para quando as más notícias significavam ser comido por um dinossauro. Hoje em dia, a má notícia é que talvez você não seja promovido, que alguém não comprará comida na sua lanchonete ou que você será mandado embora de um trabalho para o qual nem ligava tanto assim.

O arrependimento por nunca ter buscado uma promoção ou por nunca ter mostrado suas pinturas a ninguém certamente será mais doloroso.

Aceite o medo e deixe o arrependimento para algum outro coitado.

Aceite o medo e deixe o arrependimento para algum outro coitado.

Para onde pesa a balança

O arrependimento é mais pesado que o medo. Mas o medo parece maior. Isso apenas porque você consegue vê-lo na sua frente, desafiando, provocando.

O arrependimento por não ter seguido seu coração para fazer o que realmente desejava cresce furtivamente com o passar do tempo.

E a cada ano o arrependimento fica mais pesado.

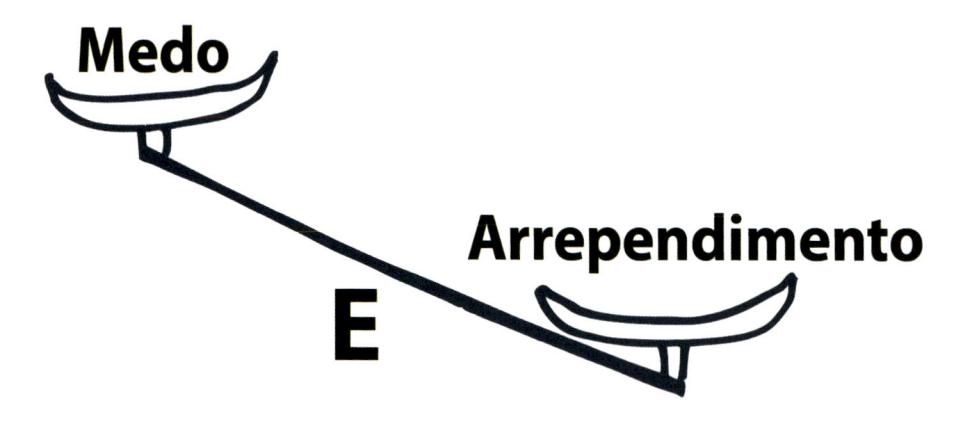

... A questão é que você realmente deveria ter medo é do arrependimento. Arrependimento pelas coisas que poderia ter feito, mas nunca fez.

Caso você tome a iniciativa e cometa um erro, sempre haverá a oportunidade de se recuperar alterando a direção ou então aumentando a sua iniciativa.

O arrependimento, entretanto, é muito mais difícil de se resolver. Ele lança sua longa garra vinda do passado para, no presente, repousar a mão gelada no seu ombro. Se você não faz algo que deveria ter feito quando teve a chance... então esse fica sendo o caso para sempre. O tempo não volta atrás.

Uma vez que você toma consciência do imenso pavor que deveria nutrir pelo arrependimento, então seus outros medos, ou todos, irão diminuir e você passa a agir.

Tema o arrependimento... e, ao fazer isso, descubra a sua própria coragem para fazer "aquilo", seja lá o que for. E, sim, faça-o, mesmo se sentir medo —
os londrinos se referem a isso
como "GARRAFA".

Garrafa

Os suspeitos recorrentes

Você está na delegacia. O policial aproxima-se e diz:

"Tem certeza de que está pronta para identificar os suspeitos, senhora?
Nós reunimos os suspeitos de sempre.

Nós os vemos o tempo inteiro. Os pequenos estilhaços de dúvida que impedem as pessoas de irem atrás de seus sonhos.

Tome o tempo que for preciso e seja honesta. Esse assunto é de extrema importância. Quando você identificar os culpados, faça uma marca no quadrado ao lado de seus nomes. São todos seus...".

- ☐ Eu não tenho tempo para fazer isso.
- ☐ Eu não sei como se faz isso.
- ☐ Talvez eu falhe.
- ☐ Eu teria de me demitir.
- ☐ O dia não tem tantas horas assim.
- ☐ Vou fazer isso assim que a crise financeira passar.
- ☐ Eu preciso tirar umas férias, antes.
- ☐ O gerente do banco não me levará a sério.
- ☐ As pessoas vão rir de mim por eu tentar.
- ☐ As pessoas vão rir de mim por eu fracassar.
- ☐ Eu deveria ser grato pelo que tenho e deixar de ser ganancioso.
- ☐ É um objetivo egoísta.
- ☐ Já tenho coisas demais com que me preocupar.
- ☐ Eu estou cansado demais.
- ☐ Eu não tenho um espaço onde começar o meu projeto.
- ☐ Você não sabe como é!
- ☐ Eu fiz a faculdade errada.
- ☐ Eu não tenho o sotaque adequado.
- ☐ Eu não tenho a cor de pele/gênero/altura/forma/material/ângulo/consistência/largura/etc. adequada/o...

Isto é o que você deveria fazer com todas essas desculpas:

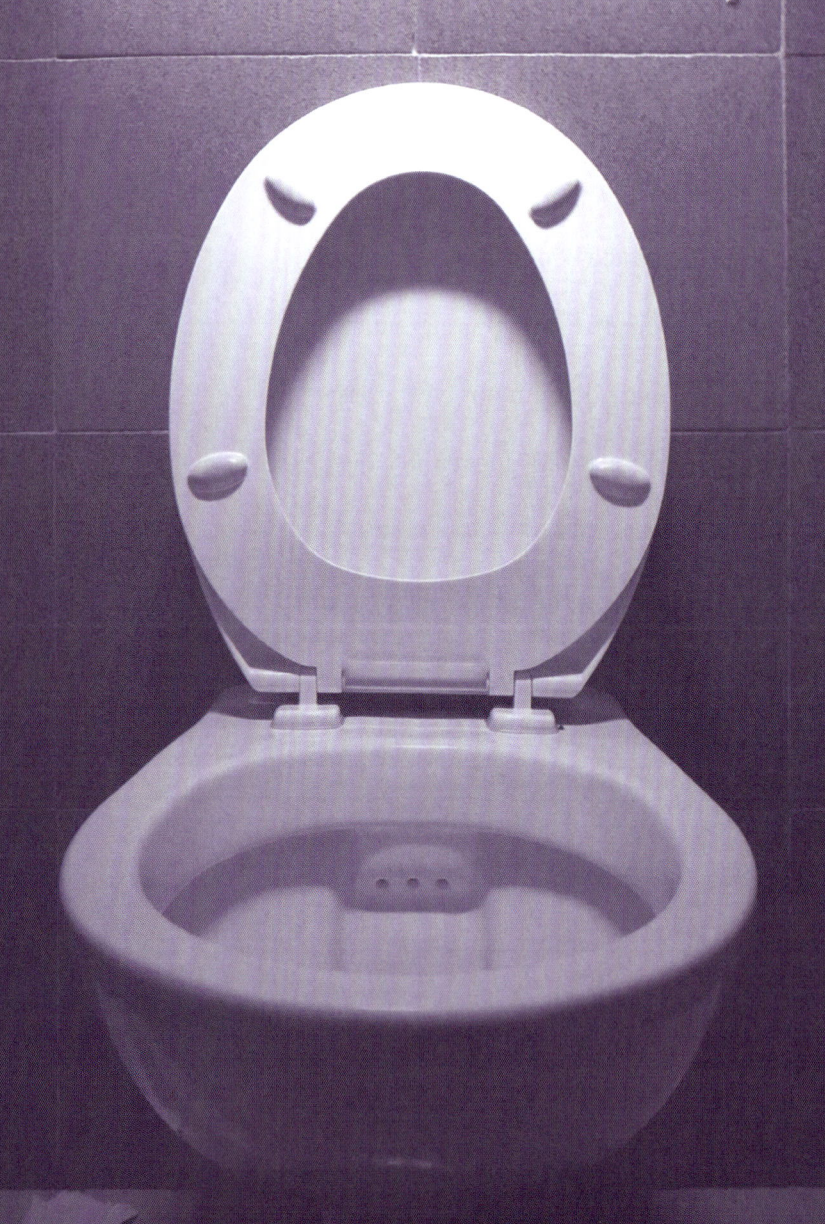

Dê descarga. Livre-se delas. Destrua-as ou você nem sequer começará. Sempre haverá motivos para não começar, e, para algumas pessoas, seja por localização, circunstâncias financeiras, situação familiar ou deficiências físicas, os obstáculos serão muito maiores, mas muito mesmo.

Só que o tempo não está nem aí. Ele passa na mesma velocidade para todo mundo: em um estalar de dedos!

As areias do tempo para ir atrás dos seus sonhos estão escoando, até mesmo enquanto você vira esta página.

... então

                         ... dê logo a descarga.

Como dar a descarga

Além de "rapidamente", a maneira de se livrar desses medos é reconhecê-los como o que eles são: meras desculpas para você não se agarrar a seus sonhos. Coloque-os contra a luz e examine bem.

Seja lógico e racional, não emocional. O que eles realmente significam? Bastariam para impedi-lo de ir em frente? Para sempre? Ou você está vendo coisas que na realidade não existem?

> "Um gato preto cruzando o seu caminho significa que o animal quer ir a algum lugar."
>
> Groucho Marx

SUSPEITO Nº 1: O PASSADO

A prisão que você acidentalmente criou.

Então você cometeu erros no passado. Supere isso. Não se afunde nessas coisas. Quanto mais insiste em algo, maior ele fica.

Em vez disso, reconheça que todos nós cometemos erros. A única maneira de evitar que esses erros o impeçam de subir no ringue é reconhecê-los, aprender com eles e seguir em frente.

A menos que você seja perfeito, veio acumulando bagagem ao longo da vida. Não importa qual seja essa bagagem, você precisa lidar com ela. Porque ela não irá embora por vontade própria e nenhuma outra pessoa resolverá o problema por você.

Fugir dos problemas não faz com que eles sumam.

Quanto mais cedo você lidar com eles, tanto mais cedo serão resolvidos. Se não fizer isso, quem o fará? É mais fácil enterrarmos nossas cabeças na areia, mas mais cedo ou mais tarde temos de tirar, e, quando fizermos isso, o problema vai ter crescido bastante.

A decisão que você está prestes a tomar é a intersecção entre o seu passado e o seu futuro...

O Arquivo Nacional de Washington é onde ficam guardados e preservados documentos históricos dos Estados Unidos, como a Constituição e a Carta de Direitos. Esses documentos definem o passado dos Estados Unidos. Existe uma citação que captura melhor do que todas as outras a importância que tem a história no sentido de trazer um país ou um indivíduo ao estado em que se encontram em qualquer momento específico.

Da estátua na frente do prédio até uma série comemorativa de selos, essa citação circula pela organização como se fosse palavra de ordem.

"O PASSADO É UM PRÓLOGO."

A origem da citação é a peça *A Tempestade*, de Shakespeare.

Dois personagens estão à beira de cometer um assassinato. O passado deles – tudo o que eles já fizeram e cada decisão que já tomaram – os leva a matar alguém. Ou não.
Desnecessário dizer que eles não conseguem alterar a própria história... mas o futuro ainda está a ser feito.

O passado, com suas bagagens e erros, não é nada senão o caminho que conduz ao contexto em que as decisões são tomadas no presente.

Se você está lendo este livro, então provavelmente acredita em livre--arbítrio.

Todas as decisões são suas.

Fazer ou não fazer.

O passado é passado. O limite da história é o AGORA. Todas as suas opções agora representam a sua próxima jogada...

... Certifique-se de compreender o significado:

Não permita que seus erros passados controlem

seu futuro.

SUSPEITO Nº 2:

A OPINIÃO DE OUTRAS PESSOAS: O MEDO DO RIDÍCULO

Você se preocupa se as pessoas rirão da sua cara quando for perseguir o seu sonho?

Grande coisa.

a) E se rirem?

b) Se alguém dá risada das suas tentativas, então você deve se questionar se esse alguém sequer é digno de fazer parte da sua história de vida. Dispense-o; mostre a porta de saída.

c) Embora você tenha precisado chutar as pessoas para fora da sua vida, o fato é que elas lhe fizeram um favor. O lado positivo de ter pessoas rindo de você é que isso faz você parar de se levar tão a sério. Na verdade, você deveria dar risada também. Até agora, 106 bilhões de pessoas levaram-se a sério, e que bem isso fez a elas?

d) Aliás, a pessoa dando risada de você é 72,8% água.

É como ser provocado por uma banheira. Então o que os outros sabem? (No fim das contas, quão a sério você se leva, já que também é uma banheira ambulante?)

> "É o papel de todo homem saber que o trabalho do crítico é de importância absolutamente secundária, e que, no final, o progresso é alcançado pelo homem que faz as coisas."
>
> Theodore Roosevelt, 26º presidente dos Estados Unidos

A opinião alheia e o que você pode aprender usando uma camiseta do Barry Manilow

A história pode ser trágica para o Barry Manilow, mas, para todo o restante de nós, é fascinante. Em um experimento, pediu-se que alunos de uma escola entrassem em uma sala de aula cheia usando uma camiseta estampada com o rosto do cantor Barry Manilow. Cinquenta por cento deles tiveram a impressão de que metade da sala notaria de imediato o item incrivelmente brega que estavam usando. A verdade é que apenas 20% da sala havia notado. O mesmo erro teria sido cometido caso eles usassem uma camiseta com fotos "legais", como a do Bob Marley, de Martin Luther King ou do comediante Jerry Seinfeld. O experimento demonstrou que as pessoas pensam que o mundo inteiro está prestando mais atenção ao que elas fazem do que realmente está. Somos egomaníacos, gente!!! O mundo não está aguardando uma oportunidade para nos ridicularizar. Eles estão ocupados demais tentando dar conta de suas próprias vidas.[9]

ENTÃO SIGA EM FRENTE COM A SUA!

SUSPEITO Nº 3:

DINHEIRO E FALTA DELE!
ENTÃO A GRANA ESTÁ MEIO CURTA...

Isso pode não ser uma coisa ruim.

Claro que é fácil dizer, mas o motivo é: se você está ganhando um zilhão em um banco para ficar transferindo dinheiro pelo mundo, então ninguém duvida que fica mais fácil comprar, por exemplo, aquele cavalo para jogar polo e se aventurar por esse esporte. Mas dinheiro pode ser uma faca de dois gumes, na qual as pessoas se viciam a ponto de ser bem mais difícil para elas pedir demissão do emprego e começar a fazer o que realmente desejam.

Pessoas muito bem remuneradas viram presa do próprio estilo de vida. Wall Street e o centro financeiro de Londres estão abarrotados de pessoas que, quando eram jovens, juraram que iriam apenas juntar um dinheirinho, fazê-lo render e pedir demissão para fazer algo de que realmente gostassem: criação de suínos, moda, artes cênicas... mas então descobriram que não conseguiam sair.

Isso não significa que você deva derramar lágrimas de pena pelos ricos. Mas deveria reconhecer que possui uma certa liberdade para fazer o que quiser: você tem menos a perder!

Por exemplo, se você for jovem, então pode (talvez) dormir no sofá da casa de um amigo e trabalhar em turnos noturnos em um bar para financiar a sua paixão e criar um negócio, ou investir em uma carreira artística. Isso é mais difícil de alcançar quando você pensa que a vida é pagar os empréstimos que fez para conseguir um Porsche e comprar a sua cobertura.

SUSPEITO Nº 4:

EDUQASSÃO
VOCÊ FOI À ESCOLA ERRADA OU NÃO FOI À ESCOLA

Da mesma maneira que o dinheiro, uma boa escola pode ajudar. E, se você teve uma educação de segunda linha, é tentador se perguntar se as coisas não estarão tão contra você a ponto de nem valer a pena entrar na briga.

Isso seria um erro.

Vá perguntar ao Bill Gates, Richard Branson, Coco Chanel ou ao Simon Cowell.

Bill Gates nunca terminou a faculdade. Richard Branson não apenas abandonou os estudos aos 16 anos, como também era disléxico – uma boa desculpa, se você estivesse procurando por uma. Coco Chanel foi órfã desde os 12 anos e não teve nenhum tipo de educação formal; Simon Cowell começou sua carreira em uma sala de expedição.

25% dos norte-americanos mais ricos da lista da Forbes nunca se graduaram.

Isso prova que é a atitude, e não a educação, que conta.

Claro que ir à escola "certa" pode abrir algumas portas, mas é você que vai mantê-las abertas, e não a sua educação.

SUSPEITO Nº 5:

APRISIONADO AO QUE VOCÊ POSSUI

Se você prefere não arriscar perder o que tem para satisfazer a sua coceira, então talvez a surpreendente verdade seja: você já está bastante feliz com o que tem. Nesse caso, aceite o que possui e aproveite mais.

Talvez, por exemplo, o seu trabalho seja ok e o que o deixa infeliz seja o fato de não praticar esportes. Não custa repetir: é preciso que você se analise honestamente.

Pode ser uma tolice promover mudanças.

Culpar o seu emprego pode ser uma válvula de escape para a sua frustração porque algo impede de comprar um tênis de corrida e voltar à pista.

Por outro lado, você pode considerar com carinho e concluir que o que tem não é suficiente, e talvez nunca tenha sido.

Talvez você tenha crescido demais para o seu emprego, para o seu relacionamento, para a cidade em que você vive...

Se a conclusão for que você não gosta mais, então se liberte dos seus medos e Promova Mudanças.

SUSPEITO Nº 6:

O DIA DEVERIA TER MAIS HORAS

Fato. Não há tempo suficiente. E isso vai permanecer assim para sempre.

Mas, se você tem atitude, reconhecerá que todos nós dispomos do mesmo intervalo de tempo em um dia, e que é a maneira como o utilizamos que importa.

Isso significa que você só precisa ficar esperto com relação à prioridade que dá ao tempo.

Pense também que o aspecto do tempo que deve motivá-lo é justamente aquele que foge do seu controle – o aspecto de como ele passa rápido.

Portanto, lide com as coisas que estão ao seu alcance.

Priorize!

SUSPEITO Nº 7:

ESTOU OCUPADO DEMAIS!
ESSE É IRMÃO GÊMEO DO SUSPEITO Nº 6.

Crer que você está assustadoramente ocupado pode ser um reflexo acurado da sua vida. Mas pode também ser outra maneira de esquivar-se da necessidade de tomar uma iniciativa.

Em meio à loucura do seu trabalho, talvez você já tenha visto alguém correr de um lado para o outro e não chegar a lugar algum. A leitura que fazemos deste tipo de cena é que as pessoas podem ficar extremamente ocupadas fazendo a coisa errada apenas para ficarem ocupadas demais para se confrontar e passar a fazer aquilo que é realmente necessário.

Na mesma linha, existe um clichê usado entre líderes executivos: "Se você precisa que algo seja feito, confie a tarefa a uma pessoa ocupada". Alguém que já está realmente ocupado fazendo coisas importantes não tem tempo de enrolar ou de não cumprir o prazo. Ele precisa priorizar as coisas importantes e realizar as tarefas.

Se essa é uma desculpa que lhe soa familiar, então você deveria parar para um balanço. Certifique-se de que o seu comportamento ocupado aponta na direção correta.

Parafraseando Stephen Covey, autor de *Os sete hábitos das pessoas altamente eficazes,*

Não adianta ocupar-se em subir a escada se ela está apoiada na parede errada.

Com relação a estar ocupado demais, a como os dias deveriam ter mais horas e porque é importante planejar uma estratégia para tomar a sua iniciativa, considere a vida de Benjamin Franklin, no século XVIII.

Franklin tinha 16 irmãos. Era realmente o mais ocupado de todos; sabia uma coisa ou outra sobre administrar o próprio tempo. Uma das coisas que fez durante a vida foi inventar o para-raios. E outra foi inventar a primeira biblioteca pública dos Estados Unidos. Aliás, ele também é o rosto na nota de cem dólares, e é por isso que a nota foi apelidada de "Benjamin". Mas talvez ele seja mais famoso por ter sido um dos fundadores dos Estados Unidos, o que implica dizer que foi um dos autores da Constituição Americana e da Declaração de Independência.

Além de tudo, Franklin foi editor de jornal e também o primeiro embaixador norte-americano na França. Criou a primeira brigada de incêndio da Pensilvânia. Inventou as lentes bifocais, e uma vez foi governador da Pensilvânia. Ele mapeou e batizou a corrente do Oceano Atlântico que hoje conhecemos como Corrente do Golfo. Até brincando ele era produtivo, e hoje figura no Hall da Fama dos Enxadristas Norte-Americanos.

Em sua autobiografia, ele descreveu sua agenda dizendo que um dia terminava na página seguinte. Está aí um grande exemplo de como fixar objetivos, planejar o seu tempo sem planejar demais, de como avaliar suas metas e concluir as tarefas.

Pergunta matinal: qual bem eu devo fazer hoje?	5	Levantar-me, banhar-me e dirigir-me à Poderosa Bondade; planejar as tarefas do dia e decidir as diretrizes do dia; continuar o estudo corrente; e desjejum.
	6	
	7	
	8	Trabalhar.
	9	
	10	
	11	
	12	Ler ou inspecionar minhas contas, e almoçar.
	1	
	2	Trabalhar.
	3	
	4	
	5	
	6	Colocar tudo de volta em seu lugar; jantar; música, ou distrações, ou conversas; examinar o dia.
	7	
	8	
Pergunta da noite: qual bem eu realizei hoje?	9	
	10	Dormir.
	11	
	12	
	1	
	2	
	3	
	4	

Agenda diária de Benjamin Franklin

A zona de desconforto

Se todo esse papo sobre confrontar os seus medos o deixa desconfortável, parabéns: você está no lugar certo.

Significa que você está tombando da sua poltrona direto para dentro do mundo da iniciativa.

Busque deliberadamente essa zona do Desconforto.

O caça Eurofighter é um dos aviões mais instáveis que já voou pelos céus. Foi o resultado de dezenas de bilhões de libras gastos no desenvolvimento de um avião ultramoderno.

Ele pertence à quinta geração de jatos de guerra. E essas aeronaves de ponta foram construídas para ser instáveis.

Claro que não as chamam de "instáveis". Denominam essa característica de Estabilidade Relaxada. O ponto é que o avião pode virar de cabeça para baixo, para os lados, subir e descer em resposta às mínimas instruções do piloto.

Os cientistas não conseguiam criar jatos tão instáveis até que inventaram o sistema "fly by wire". Essa tecnologia permite ao piloto comandar o jato enviando sinais eletrônicos aos motores das asas e da cauda do avião, que constantemente ajustam as condições do avião em pleno voo. Antes disso, a pilotagem era muito mais manual.

Nos jatos de quinta geração com Relaxed Stability, é o computador do caça que faz todos os ajustes. O piloto simplesmente não conseguiria manter o avião voando se o computador não fizesse centenas de milhares de ajustes a todo instante.

E por que eles construíram jatos de cem milhões de libras cada, que são inerentemente instáveis – e quase impossíveis de pilotar?

Porque é a instabilidade frouxa que torna o avião tão exageradamente manobrável. Um empurrãozinho aqui ou ali no *joystick* faz com que o jato dê voltas e faça curvas que seriam impossíveis em aviões mais antigos, que de repente começaram a parecer lentos e entediantes.

A dificuldade com o Eurofighter não são as curvas, os *loopings* e as voltas; o difícil é manter o curso.

Bem, mas isso é o que os aviões anteriores faziam.

Eles conseguiam voar em linhas rigorosamente retas e fazer as curvas mais previsíveis. E eram bem mais fáceis de pilotar. Mas os pilotos daqueles caças antigos e confortáveis, sentados em suas poltronas, não teriam nenhuma chance contra os pilotos que estavam na zona do desconforto.

É aqui que mora sua vitória. Fora da zona de conforto.

A zona de desconforto é um estágio pelo qual você precisará passar para concretizar qualquer mudança significativa.

Esse é um iogue que transformou a cama de pregos em um ambiente de relaxamento e meditação.

```
                              Cada um na sua.
```

Cave fundo

Sempre haverá um motivo para não fazermos algo. A verdade é que, para muitos de nós, a vida pode ser difícil de vez em quando, mas é nesse momento que precisamos cavar fundo e seguir em frente. É preciso afastar-se da zona de conforto e criar soluções onde não parece haver nenhuma.

J. K. Rowling era uma mãe solteira quando escreveu *Harry Potter*.

Não bastasse isso, ela aguentou ser recusada por inúmeros editores antes de encontrar um que acreditasse nela. Teria sido muito mais fácil para ela dizer: "Sou uma mãe solteira e simplesmente não disponho de tempo nem de dinheiro para seguir com isso", mas não foi o que fez.

E quem é ela agora? Uma bilionária que realizou a ambição de ser uma das autoras mais bem-sucedidas de todos os tempos.

Sim, é mais difícil se você for pai ou mãe solteiro/a ou se tiver algum outro compromisso familiar desafiador, mas há uma diferença enorme entre "mais difícil" e impossível.

Você precisa fazer o que for necessário e não desistir jamais. Encontre outro pai solteiro (ou mãe solteira) com quem possa dividir o tempo com as crianças, trabalhe à noite, encontre algo que possa fazer trabalhando inicialmente em casa. Não importa o que fizer, provavelmente não será exatamente o que planeja para si mesmo, mas não é para ser mesmo – é para ser o primeiro degrau que vai levá-lo para onde você deseja chegar.

Muitas pessoas têm um tipo diferente de compromisso familiar – obrigações. Os pais desejam o melhor para os seus filhos, mas isso muitas vezes pode significar forçá-los em um caminho que não é o deles.

Quantas pessoas você conhece que ingressaram em determinados mercados de trabalho e carreira para agradar os pais, parceiros, professores ou à sociedade?

Devemos ser verdadeiros com nós mesmos enquanto administramos esses obstáculos de forma sensível. Explique e prove aos entes queridos que o caminho que você escolheu não implica uma vida de devassidão e pobreza; tudo bem, você pode não fazer um doutorado, ou virar médico, mas estará feliz e realizado, e, no fim, isso é o que todo pai e mãe querem – mesmo que nem sempre percebam isso a tempo.

Depois existe a desculpa pré-histórica da... idade. Muito jovem, muito velho.

Jordan Romero tinha 9 anos quando escalou o Kilimanjaro.

O coronel Sanders tinha 40 anos antes de começar a fazer os seus famosos frangos fritos – em sua própria cozinha! E foi só aos 65 anos que ele começou a abrir franquias daquela que hoje é uma das mais famosas redes de *fast-food*, a Kentucky Fried Chicken.

Sempre se pode arrumar uma desculpa, mas sempre se pode encontrar uma inspiração também.

Se o homem pôde pisar na Lua, não há nada que você não consiga concretizar depois de se decidir e começar a pôr o discurso em prática.

Portanto, invente recursos. Aceite o fato de que você pode ter mais desafios do que a maioria. Acontece. Mas você tem exatamente a mesma oportunidade de sucesso.

Pare com a TV. Levante uma hora mais cedo. Consiga tempo de onde for possível. Peça ajuda aos seus amigos e familiares. Torne público o seu compromisso com seus objetivos, e isso não apenas lhe dará mais força para alcançá-los como conquistará mais apoio e estímulo para você.

Além disso, como explicaremos na página 171, tornar-se publicamente uma pessoa responsável é comprovadamente uma maneira de aumentar a sua chance de sucesso.

Então continue cavando, e cavando, e cavando, e cavando...

E cave fundo.

Mais uma palavrinha sobre o medo:

Se você não estiver se sentindo um pouco apreensivo com o que está prestes a fazer, então é provável que nem importe tanto assim. É assim que você deveria estar se sentindo.

> "Dentro ou fora do ringue, não há nada de errado em cair. O errado é não se levantar."
>
> — Muhammad Ali

Arrependimento

Se ao menos eu houvesse...

Já que você é o tipo de pessoa que escolheu ler este livro, então provavelmente não é necessário dizer mais sobre arrependimento. Você entende do assunto. O horror absoluto do arrependimento está claro para você.

Não é possível alterar o passado – uma vez que o momento passou e a oportunidade foi desperdiçada, se naquele momento você não subiu ao ringue, bem... então você não subiu.

Uma pena, agora lide com isso.

Por outro lado, se você superou os seus medos e encarou a sua coceira e seus planos foram esmagados no meio do caminho, então você pode lidar com as consequências hoje.

> "Aja. Ou agirão sobre você."
>
> Anônimo

> "Para combater o medo, aja. Para alimentar o medo – espere, deixe de lado, prorrogue."
>
> David Joseph Schwartz

Ação é a maneira como você muda as coisas; conserta as coisas; faz as coisas.

Aqui está um breve exemplo de como o medo pode paralisar e se transformar em arrependimento:

Qualquer pessoa que já quis conversar com um conferencista após uma palestra ou com um desconhecido atraente em uma festa sabe que a melhor coisa a fazer é agir imediatamente.

E você sabe que, se ficar esperando, se torna cada vez mais difícil, pois a oportunidade perde força, a iniciativa evapora-se, você fica travado e começa a considerar a outra opção, que é esquecer tudo aquilo e continuar com o que você estava fazendo. Essa segunda escolha começa a parecer cada vez mais fácil.

Por fim, você opta por ela.

E o que muda?

Nada.

> Não se engane dizendo que está agindo, quando você não está:
> ... Ir às compras não é agir. Embora dê a sensação de que seja.
> É a mesma coisa com pesquisas.
> É a mesma coisa com os tweets.
> E também com ficar falando sobre agir.
> Tudo isso é balela.

É fato que você consegue se enganar de mil maneiras diferentes para acreditar que está agindo, quando na verdade não está.

Mas uma hora você vai descobrir a sua mentira – quando sentir a angústia do arrependimento por não ter feito o que queria.

Fazer é o caminho para a realização – ao menos para a realização dos objetivos que vão cessar essa coceira maldita!

Esquive-se do arrependimento: invista o seu tempo em fazer algo e descubra o caminho para a felicidade!

Um estudo dos psicólogos Leaf van Boven e Thomas Gilovich[10] pediu aos participantes que:

a) dessem nota à felicidade que obtinham de experiências, tais como ir ao cinema, ao teatro, viajar, sair para jantar e esquiar.

E

b) dessem nota à felicidade que obtinham ao comprar coisas como TVs, aparelhos de som, computadores, roupas e joias.

Bom, você sabe onde isso vai acabar: as pessoas ficam mais felizes fazendo do que possuindo.

Mas espere, tem mais.

Descobriu-se que, até quando as pessoas simplesmente imaginavam alguma experiência, elas ficavam mais felizes do que quando imaginavam ter comprado algo.

Agora imagine quão maior deve ser a satisfação quando a experiência tem valor pessoal.

Se fosse uma missão. Se fosse a realização de uma coceira da vida inteira!

... Ah, e nas palavras de Steve Jobs: "Mais uma coisa":

Gilovich e seus colegas também descobriram que, ao ouvir uma pessoa contando alguma experiência e outra falando sobre algo que havia comprado, tendemos a gostar mais do fazedor, e não do comprador.

Portanto, da próxima vez em que você passar na frente de uma das Apple Stores do Steve Jobs, ou de uma loja de sapato, e estiver prestes a gastar o seu precioso dinheiro, pense duas vezes. Amarre-se ao mastro como Ulisses e foque-se em FAZER em vez de POSSUIR!!!

Seja como Ulisses:

Não se distraia com sereias ou COMPRANDO coisas...
Amarre-se à sua missão de FAZER as coisas.

"Ulysses and the Sirens" (1891),
de John William Waterhouse (1849-1917)

Ulisses, o aventureiro mitológico, queria ouvir
o canto deslumbrante das sereias, as perversas mulheres-
-pássaro que possuíam uma voz estonteante.

Mas isso seria a certeza de suicídio, pois a canção das
sereias era abominavelmente irresistível e já havia levado
incontáveis navegantes ao encontro da morte nos
rochedos das ilhas onde elas viviam.

Mas não se consegue saquear a cidade de
Troia sem ser um sujeito engenhoso e valente.
E Ulisses estava determinado a ouvir o canto das
sereias sem que isso resultasse em sua morte. Então, ele fez
com que todos os homens da sua tripulação entupissem
os ouvidos com cera de abelha (mas não os dele)
para que não ouvissem a música.

Em seguida, ordenou que o amarrassem ao mastro
do barco e que não afrouxassem as cordas
até que tivessem passado pelas ilhas.

Assim que entrou no raio de alcance da música, ele começou
a implorar aos seus homens que o desamarrassem para ele
conseguir chegar mais perto das ilhas e da música.
Os marujos de imediato se recusaram a fazer isso até que
tivessem navegado para bem longe das sereias.
Foi assim que ele sobreviveu à tentação
e seguiu realizando mais feitos heroicos.

Agora você já sabe como agir da próxima vez em que a canção do
fetichismo consumista o seduzir. Fixe os olhos em seu objetivo e
prepare-se para resistir às inevitáveis tentações que irão surgir.

consuma, cale-se, morra
avisa o *slogan* anticonsumista

Imagens de grafites tiradas em ruas próximas ao centro de Londres.

Mais um sinal de que o mundo não é o que costumava ser: veja a arte de rua (ou grafite, como você preferir): artistas como Banksy, de Bristol, no reino Unido, ou o coletivo Faile, de Nova York, agora podem estipular preços astronômicos para suas obras de arte em galerias por todo o mundo.

N.T.: Texto dos grafites, começando no topo à esquerda, sentido anti-horário: "Lutei por aumento de salário. Tenho uma TV de plasma, uma geladeira enorme e um carro novo... Toda a minha vida é uma besteira"; "Pare de consumir"; "Procura-se: matadores de cereais" (trocadilho com "cereal/serial killer").

A ideia de que o grafite é coisa de vagais desocupados está ultrapassada. Grande parte das mensagens "cínicas" produzidas pela arte de rua avisa-nos para não sermos coagidos pela publicidade a construir objetivos baseados no consumismo, mas, ao contrário, a nos mexermos e FAZER.

Fomos condicionados por gerações de marqueteiros e publicitários a desejar PRODUTOS.

Esse é um conselho ruim.

REVOLTE-SE.

Na contramão, AJA.

Invista em FAZER – aprender, treinar, experimentar, escrever, viajar, ajudar, abrir negócios, realizar sonhos!

```
Antes de serem chamados
de marqueteiros, esses
mestres da manipulação
eram conhecidos como
engenheiros do
consumo.[11]
```

PARTE 4

COMECE

"Se você não aposta, não dá para esperar ganhar na loteria."

Flip Wilson

Se este livro fosse a Bíblia, o primeiro mandamento seria:
Comece.

Se fosse um livro de culinária, diria:
Adicione montes e montes de Atitude à mistura.

Se fosse o manual de um carro, diria:
O veículo não vai se mover até que você dê ignição.

Mas não é. E por isso ele diz:
Não seja um covarde. No momento em que atravessar a linha de partida, tudo muda.

VAMOS LÁ

É impossível exagerar a importância de se começar.

E como esse é o motivo e a finalidade deste livro, você deve se perguntar por que nós não tocamos no assunto ainda. Talvez devêssemos tê-lo feito no COMEÇO?

É uma pergunta coerente. Eis os motivos:

A maioria das pessoas não começa até perceber que:

a) Elas têm uma coceira.
b) Ter medos é algo natural e comum, mas entendem que a razão pode manter esses medos sob controle.
c) Cada pessoa enfrentará desafios diferentes e particulares.
d) Elas preferem encarar os seus medos a passar a eternidade arrependidas por não terem feito nada.

A boa notícia é que o simples ato de começar é o que faz as coisas mudarem. Começar, por si só, é a garantia de sucesso, porque significa que você está dando adeus ao *status quo*.

...E, finalmente, você vai se lembrar de que nós começamos o livro falando sobre como o tempo passa rápido.

Tempo é uma questão imperativa. Que o tempo vai passar, assim como o nascer e o pôr do sol, é a nossa única certeza.

O tempo é o que deve fazer você se levantar da cadeira e agir.

E esse é o motivo para você começar agora.

Suba ao ringue.

Eliminando o Adiamento

É claro que você sente vontade de adiar. Todas as pessoas sentem.

Mas veja: coçar a sua coceira – fazer qualquer coisa que valha a pena – é um investimento de tempo e esforço e a recompensa está no futuro.

Enquanto isso, seus vícios oferecem prazeres imediatos de curto prazo: assistir a um DVD, apreciar uma taça de vinho, escutar uma música, ficar na internet, deitar no sofá, assaltar a geladeira... fazer tudo isso de uma vez!

Essa batalha entre os vícios e a virtude é antiga como as montanhas e o resultado é igualmente previsível, a menos que você seja determinado e inteligente.

Para ajudá-lo a se concentrar em agir e a ignorar as tentações do adiamento, aqui estão algumas dicas do professor Pier Steel, que estuda o assunto na universidade de Calgary.[12]

- Manche as alternativas tentadoras: imagine, da forma mais vívida que conseguir, o lado negativo das distrações.

  Imagine o controle remoto da TV pegajoso e com marcas de gordura das patinhas dos seus sobrinhos que estão constantemente doentes; que a TV está com defeito e explodirá se for ligada durante o dia; que a porta da geladeira cairá se você a abrir durante o dia com a frequência que o faz normalmente... Você entendeu qual é a ideia.

- Concentre-se nos aspectos abstratos das tentações: um bolo de chocolate, com cobertura e recheio de chocolate, é feito em grande parte de gordura e açúcar... E isso não é muito apetitoso.

- Elimine completamente as coisas que o lembram das alternativas de distração. Manter o seu local de trabalho sempre bem organizado pode ajudá-lo a realizar isso.

- Substitua a bagunça por mensagens simbólicas ou imagens. O legendário hoteleiro Conrad Hilton mantinha uma fotografia do Hotel Waldorf em sua mesa para ajudá-lo a manter o foco e evitar distração e adiamento. A foto esteve lá por 18 anos... até que ele comprou o hotel.

- Tente compartimentar fisicamente a sua vida profissional e a sua vida de lazer, distanciando-as uma da outra tanto quanto possível. Se você trabalha em casa, será preciso compartimentar mentalmente as suas atividades.

Uma foto em uma mesa...

Ajudou a criar um foco inabalável e nada de distração por 18 anos

... e isso trouxe a Conrad Hilton o prêmio

"Nunca deixe para amanhã o que pode ser feito no dia depois de amanhã."

Mark Twain

... É interessante, mas como conselho não cai muito bem.

"O segredo de ganhar a dianteira é dar início. O segredo de dar início é dividir as suas tarefas complexas e avassaladoras em pequenas tarefas com que consiga lidar, e aí começar da primeira."

Mark Twain

... Não é tão interessante, mas é um grande conselho.

O seu exigente amigo interior

Aqui vai uma boa notícia.

Quando você começar algo, o seu subconsciente não o deixará parar. E então você terá o seu próprio feitor interno chicoteando-o.

Chama-se efeito Zeigarnik.[13] A psicóloga russa Bluma Zeigarnik ficou intrigada ao perceber que garçons conseguiam memorizar pedidos complicadíssimos de um grupo grande de estudantes sem ter necessidade de anotá-los.

Mas, assim que a conta era paga, a memória do que havia sido pedido se desmantelava.

Era como se o pedido houvesse sido jogado em uma lixeira mental.

A conclusão dela foi que, uma vez que um projeto era iniciado, o subconsciente passava a rastrear permanentemente o progresso deste e a importunar o garçom para garantir que o projeto fosse concluído. Era como se qualquer interrupção a uma tarefa se tornasse uma confusão mental que desequilibrava o cérebro.

Isso significa que basta iniciar um projeto e comprometer-se com ele para ganhar uma ajuda – na forma do seu subconsciente – para importuná-lo e garantir a sensação de "assunto encerrado", em termos de psicologia. Em nossos termos, trata-se de garantir que você realize seu próximo grande sucesso. Que é terminar a tarefa!

`Mais uma para riscar da lista.`

A prova está no marshmallow

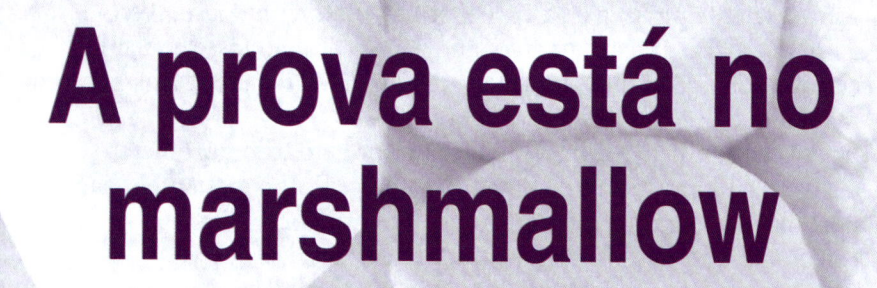

(... porque COMEÇAR é um ótimo caminho para o SUCESSO)

Algumas das pessoas mais brilhantes e bem-sucedidas do mundo dos negócios já passaram por esse teste. Ele é chamado de Desafio do Marshmallow.[14]

Funciona assim:

- São formados grupos de quatro pessoas.
- Cada grupo recebe 20 fios de espaguete, um metro de fita adesiva e um metro de fio.
- E um marshmallow.
- Cada grupo tem 18 minutos para construir a maior estrutura possível. O marshmallow deve ficar no topo.

Bem simples, não é?

O desafio foi desenvolvido pelo *designer* Peter Skillman e tem sido utilizado desde então pelo especialista em inovação Tom Wujec, em seus estudos sobre a maneira como executivos seniores trabalham juntos e inovam.

Mas o interessante para nós, pessoas de iniciativa, é o que o experimento tem a dizer sobre o valor de se começar.

Pergunta: Segundo a pesquisa de Wujec, qual grupo teve o pior desempenho?

Resposta: Universitários recém-formados em cursos de administração. Diretores Executivos de grandes empresas saíram-se um pouco melhor do que os jovens.

Pergunta: E qual foi o melhor grupo entre os que tiveram desempenho ótimo?

Resposta: Crianças do jardim de infância. Suas estruturas de espaguete e marshmallow ficaram, em média, três vezes maiores do que as feitas pelos estudantes recém-graduados.

O motivo pelo qual as crianças tiveram sucesso, ao contrário de seus rivais mais velhos e de maior nível educacional, foi o de que elas simplesmente continuavam tentando. Os mais velhos discutiam planos, funções, responsabilidades, assumiam pose (e talvez tenham até escrito uma declaração de missão, quem sabe?) e, por fim, conforme o tempo se esgotava, se punham desajeitados a construir a torre de espaguete e colocar o marshmallow no topo apenas para descobrirem, no último minuto – *voilà!* – que o peso do marshmallow destruía a estrutura.

Enquanto isso, as crianças – sendo crianças – simplesmente começavam a construir e agiam de maneira prática. Isso significa que elas logo de início começaram tentando construir a estrutura e bem rapidamente descobriam o que funcionava e o que não funcionava. Sem medo nem arrependimento. Sem hesitação. Apenas fazendo.

Os profissionais têm um nome para isso

O que as crianças fizeram durante o desafio do marshmallow pode ser chamado de "prototipação rápida".

E o que funciona para crianças com marshmallows, funciona para grandes empresas.

É uma abordagem parecida com a que tem sido muito adotada em vários projetos de desenvolvimento de *software* e para internet. Chama-se desenvolvimento LEAN.

Equipes de desenvolvedores costumavam passar anos a fio trancafiados em um *bunker* escrevendo códigos para que um dia pudessem sair à luz do dia e anunciar ao mundo: "Venham. Vejam! Aqui está o nosso novo programa de computador!" E nesse ponto detectavam falhas na interface de usuário ou uma enorme quantidade de bugs. Maldição!

Hoje em dia, as equipes tentam obter novas versões dos códigos toda semana, ou até todos os dias. É assim que descobrem os problemas de maneira mais rápida, e é assim que tomam a dianteira na competição contra os rivais.

Eles começaram a agir e suas ideias se movem do plano hipotético para o plano real em um piscar de olhos.

Saíram da posição passiva de tagarelice para a posição ativa da ação. Sem medos. Sem arrependimentos.

E chegam mais perto do sucesso a cada vez que reiniciam esse ciclo.

A história do sucesso acidental

Quando você começa, é bem difícil saber qual o destino final. Isso pode ser chamado de "risco".

Essa incerteza acerca dos resultados é uma das razões que paralisam muitas pessoas, pelo medo ao mero pensamento de se moverem do estado de tagarelice para o estado de ação.

Mas talvez não seja tão importante realizar seus planos do início ao fim.

Pode ser que chegar até a metade do caminho seja um resultado excelente.

A história é cheia de anedotas sobre pessoas que começaram algo e no meio do caminho descobriram outra paixão, da qual não teriam se dado conta. Em retrospectiva, não parece um fracasso.

Na verdade, o que esse fato tem a dizer é que o importante é apenas começar.

A Coca-Cola foi inicialmente desenvolvida para ser um tônico que prometia curar tudo, de dores de cabeça até histeria.

Em 1968, o cientista dr. Spencer Silver, da 3M, pensou que havia descoberto algo de baixíssimo valor até que um de seus colegas disse que Silver havia inventado o adesivo de baixa aderência que ele estava precisando para marcar suas leituras da Bíblia. Pouco tempo depois, nascia o onipresente Post-It.

A distância curta entre os Oceanos Pacífico e Atlântico foi descoberta por conquistadores espanhóis em busca de ouro.[15] Agora, temos o Canal do Panamá, que reduz de 22.531 quilômetros para 8.050 quilômetros a distância de uma viagem por água entre Nova York e São Francisco.

Jack Johnson, músico que ganhou vários discos de platina, queria ser surfista profissional. Ele era ótimo surfista, mas aos 17 anos um acidente pôs fim aos seus sonhos e seu futuro se tornou incerto. Ainda sem saber o que faria, ele ingressou em uma escola de cinema e foi lá que começou a fazer música, descobrindo, por fim, que como guitarrista era até melhor do que como surfista. E o restante, como dizem, é história.

Para celebrar a vinda da Feira Mundial a Paris em 1887-1889, arquitetos foram convidados para construir estruturas temporárias. O regulamento da competição exigia que as estruturas pudessem ser desmanchadas com facilidade depois de 20 anos. Mesmo assim, a Torre Eiffel permanece de pé, mais de 120 anos após vencer o concurso. Mais recentemente, a Roda do Milênio, a enorme roda gigante que fica à margem sul do Rio Tâmisa, em Londres, foi construída para ser um monumento temporário em celebração ao novo milênio e também permanece de pé. O que é importante é que pessoas com visão e direção iniciaram esses processos.

Harrison Ford, ator cuja carreira estava estagnada, decidiu treinar para ser carpinteiro e acabou conseguindo um trabalho para fazer armários na casa de George Lucas. Não haviam funcionado as tentativas de conseguir trabalhos como ator da maneira convencional, ao passo que ousar em uma nova direção deu certo. Lucas o fez ler alguns diálogos para atores que participavam de testes para atuar em *Star Wars*. O carpinteiro e ex-ator convenceu Lucas a ceder o papel central de Han Solo e assim nasceu um superastro.

O alívio que vem de um fracasso

Vamos supor que você quisesse ser o chef a iniciar algo desse tipo:

E que, para isso, você precisasse demitir-se do emprego que tem aqui:

Mas acabou não dando certo.

E em vez de fazer:

... você é dono desse quiosque e trabalha duro sete dias por semana:

Isso quer dizer que você fracassou? Bem, depende. Nenhum desses resultados é necessariamente um fracasso (ou um sucesso). Eles são apenas respostas diferentes à questão: onde você deseja estar?

Porém, se o impulso de mudar de direção veio do desejo de sair do lugar onde você estava no início, então a ação de ir atrás dos seus sonhos vai levá-lo a um lugar diferente. Ficar aquém do seu objetivo, ou mudar a direção, ainda pode levar ao sucesso.

Como surpreender alguém

Faça o que você diz que vai fazer.

De verdade. Estamos tão acostumados às pessoas prometerem mundos e fundos e não cumprirem nada, que uma maneira muito eficiente de surpreender alguém é fazer o que você disse que faria, no prazo em que disse que faria.

E a pessoa que mais vai ficar satisfeita é você.

Perceba a diferença...

> Grrrr... eu **odeio** este emprego! Qualquer dia desses, vou sair por aquela porta e **nunca mais** voltar!!!

ZZZZzzzzz

> Eu **comprei** uma passagem e estou indo **direto** para o aeroporto. Estou saindo por aquela porta e **nunca mais** vou voltar... E eu me demito. Sayonara!

BOOOOOOMMM

Sacou?

Um recado direto e reto

... sobre aquele ferrão na cauda

Se mesmo depois de considerar tudo o exposto:

Isto é, que sabendo que a pior coisa que você pode fazer é se arrepender das coisas que você não fez, e mesmo assim está hesitante, então permita-nos lembrá-lo do passar do tempo.

Tique-Taque

O tempo passa suave, mas não volta atrás.

PARTE 5

A ARTE DE TOMAR DECISÕES

"É com o tempo que a indecisão se torna decisão."

Anônimo

"Você tem um monte de escolhas. Se se levantar cedo representa um sofrimento, e você não tem sorrido muito, tente outra escolha."

Steven D. Woodhull

As coisas têm uma ordem natural. Ela é a seguinte:

Decida primeiro ⟶ Aja em seguida.

A ação vem depois da decisão. E, gostando ou não, você está prestes a tomar uma decisão.

Com todas as forças de seu corpo e de sua mente, e pelo futuro da sua vida, você está prestes a tomar a decisão de coçar a sua coceira.

E, mesmo que você resolva não tomar mais decisões, ainda assim estará tomando uma. Ao não fazer escolha alguma, você fará sempre a mesma. E, de início, o caminho que você escolhe é o de não mudar as coisas.

Nesse campo, não ser uma pessoa que toma decisões significa optar por ficar fora do ringue e ser um coadjuvante em sua própria vida.

O músculo que toma as decisões

O músculo que toma as decisões é igual a todos os outros músculos: quanto mais decisões você tomar, mais forte e melhor ele fica. É claro que parece mais fácil sentar em cima do muro e torcer para as coisas mudarem. Por outro lado, elas podem piorar.

Mas, se você está exercitando o seu músculo das decisões, analisando suas opções, pensando de maneira criativa no caminho que há pela frente, então está no banco do motorista. E, até no caso de (mas vamos ser sinceros: quando) você acabar tomando a decisão errada, isso lhe fará crescer mais do que aqueles que não decidem nada.

Tome uma decisão. E aja a partir dela.

Voilà! E agora você tem impulsão.

"Quando você precisa tomar uma decisão e não o faz, isso em si já é uma escolha."

William James

A sedutora pesquisa

Contemplação. Pesquisa. Análise. Consideração. Avaliação... Paralisação.

Não serão estas mil maneiras diferentes de se postergar uma decisão?

Esse perigo de ficar à "deriva" existe desde que o homem das cavernas inventou a introspecção excessiva, mas, como dissemos na Parte 1, a internet multiplicou infinitamente essas possibilidades. É isso que torna mais urgente do que nunca a necessidade de agir.

Existem um volume e massa de informações e opiniões tão grandes à disposição que milhões de nós ficamos presos na improdutiva atividade de conseguir mais informações; de buscar pesquisas ainda mais fascinantes e divertidas.

O autor Nicholas Carr, que escreveu *A Geração Artificial: O que a Internet Está Fazendo com os Nossos Cérebros*, advertiu que ferramentas como o e-mail viciaram as pessoas em **"pressionar botões sem pensar, na esperança de receber uma pílula para o norteamento social ou intelectual"**.[16]

É divertido, mas não leva – rapidamente – a lugar nenhum.

ANÁLISE DA PARALISIA

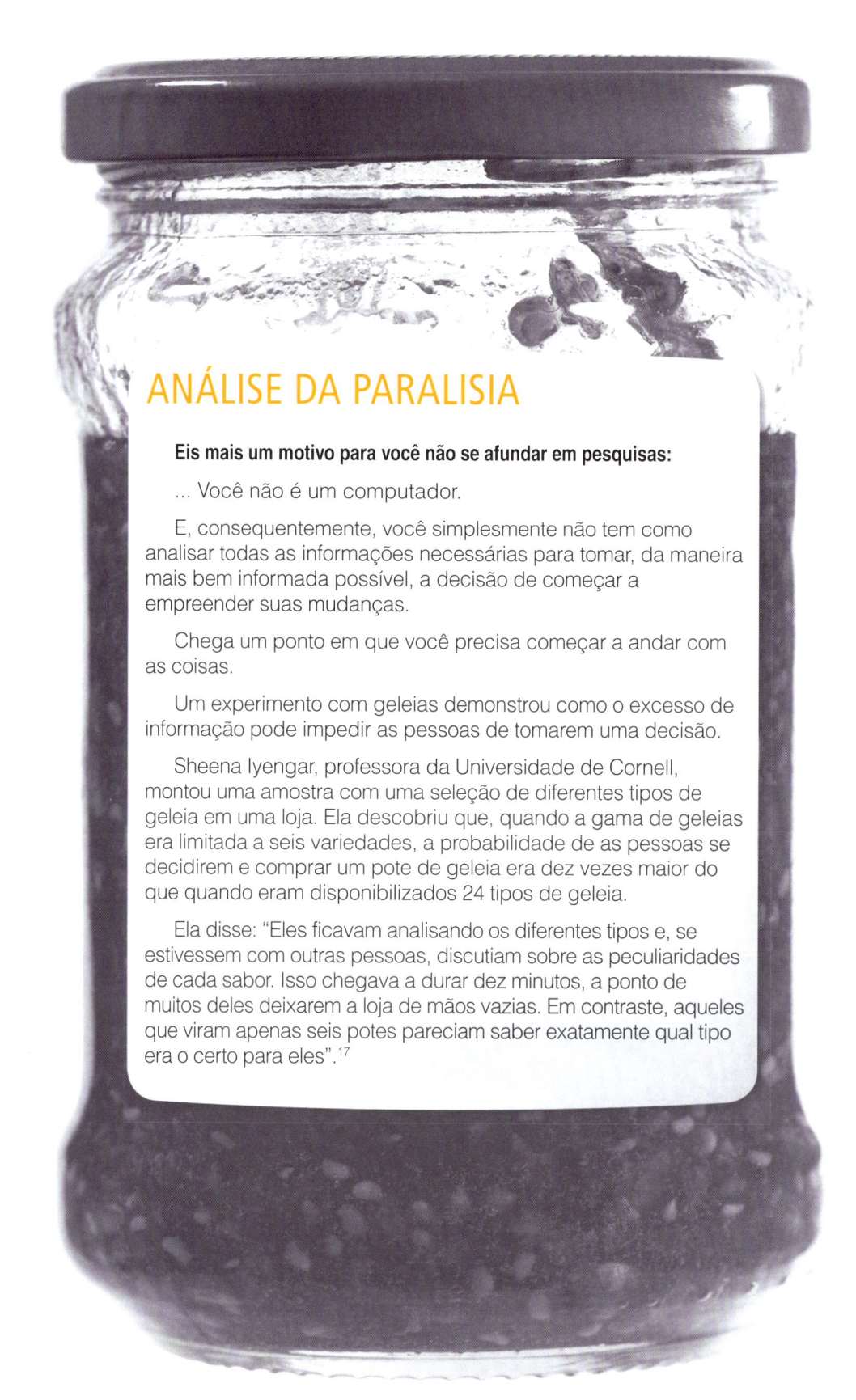

Eis mais um motivo para você não se afundar em pesquisas:

... Você não é um computador.

E, consequentemente, você simplesmente não tem como analisar todas as informações necessárias para tomar, da maneira mais bem informada possível, a decisão de começar a empreender suas mudanças.

Chega um ponto em que você precisa começar a andar com as coisas.

Um experimento com geleias demonstrou como o excesso de informação pode impedir as pessoas de tomarem uma decisão.

Sheena Iyengar, professora da Universidade de Cornell, montou uma amostra com uma seleção de diferentes tipos de geleia em uma loja. Ela descobriu que, quando a gama de geleias era limitada a seis variedades, a probabilidade de as pessoas se decidirem e comprar um pote de geleia era dez vezes maior do que quando eram disponibilizados 24 tipos de geleia.

Ela disse: "Eles ficavam analisando os diferentes tipos e, se estivessem com outras pessoas, discutiam sobre as peculiaridades de cada sabor. Isso chegava a durar dez minutos, a ponto de muitos deles deixarem a loja de mãos vazias. Em contraste, aqueles que viram apenas seis potes pareciam saber exatamente qual tipo era o certo para eles".[17]

O Deep Blue foi uma criação de especialistas da IBM que queriam criar um computador capaz de derrotar o melhor enxadrista do mundo. Assim, desenvolveram o Deep Blue para vencer com pura capacidade computacional bruta: conseguia avaliar 200 milhões de posições por segundo. Ele jogou contra o então campeão Garry Kasparov, em 1997, e de maneira controversa o computador venceu. Kasparov alegou ter sentido uma inteligência e criatividade profundas nas jogadas de Deep Blue, o que indicaria intervenção humana no decorrer da partida.

A hipótese do enxadrista foi negada pela IBM, e até hoje o caso é cercado de controvérsias. De qualquer modo, você não é um computador e não consegue analisar 200 milhões de posições por segundo.

Nem perca tempo tentando. Mas, por outro lado, um computador nunca conseguirá construir uma torre de espaguete com um marshmallow no topo. E, se algum dia a máquina tiver uma coceira, não conseguirá coçá-la.

APENAS VOCÊ PODE TOMAR A DECISÃO DE FAZER ISSO.

AGORA.

PERDER-SE NO FLUXO: COMO ISSO PODE AJUDÁ-LO A TOMAR DECISÕES

A riqueza, como avisou o presidente Richard Nixon em uma citação anterior, não vai necessariamente tornar você uma pessoa feliz.

E você talvez se lembre de que Abraham Maslow, com sua "Hierarquia das Necessidades Humanas", disse que o que o deixa feliz é realizar o seu potencial fazendo algo que tenha sentido ou significado pessoal.

Em outras palavras:

AÇÃO + SIGNIFICADO = FELICIDADE

Entretanto, podemos avançar mais a ideia de como o Fazer pode torná-lo Feliz, contribuindo para garantir que você tome as decisões certas.

Acontece que o estado de "ação" que o deixa mais feliz é aquele em que você nem pensa sobre o fato de que está "fazendo" algo.

Ao estudar pessoas que amam o que fazem, o psicólogo Mihaly Csikszentmihalyi[18] descobriu que o tempo realmente passa mais rápido quando você está concentrado em atividades que lhe trazem prazer.

Cantores, atores, atletas e pintores (e também os limpadores de janela, sem dúvida) descrevem isso como "estar na área".

Csikszentmihalyi deu um nome a esse estado de espírito: Fluxo.

O Fluxo é um estado que você só consegue alcançar quando faz algo desafiador. Quando tem a felicidade de atingir esse estado, você está tão absorto naquilo que está fazendo que sequer nota a passagem do tempo, ou em quão cansado está, ou até mesmo em quanta fome está sentindo.

Você não repara nessas coisas porque está completamente focado em utilizar suas habilidades e experiência para concretizar o que estiver "fazendo".

Sua massa cinzenta está ocupada demais para notar que é hora do jantar!

Isso acontece porque o desafio representado por essa tarefa é maior do que o normalmente encontrado em outras.

A novidade: a atividade é desafiadora (mas não exageradamente) e requer que você desenvolva uma habilidade nova naquilo que faz.

Então agora a nossa fórmula fica assim:

AÇÃO + SIGNIFICADO + HABILIDADE = FLUXO

O seu sistema nervoso pode processar 110 *bits* de informação por segundo, diz Csikszentmihalyi.

Escutar e se concentrar no que outra pessoa está dizendo nos toma 60 bits por segundo. Quando a sua atividade é mais desafiadora e gratificante a ponto de demandar mais de 80 bits por segundo, você fica com cada vez menos capacidade para processar sinais do seu corpo como: "eu preciso ir ao banheiro", e você pode não ter notado, mas ficou sentado em uma posição engraçada e sua perna adormeceu! A próxima vez em que a sua perna ficar adormecida e você cair ao tentar se levantar, pode ser que tenha acabado de descobrir o seu estado de fluxo.

O FLUXO

Você está em fluxo quando se engaja na resolução do seu "desafio ideal". Isso significa que você está usando suas habilidades mais do que de costume para fazer algo que é mais difícil que o normal.

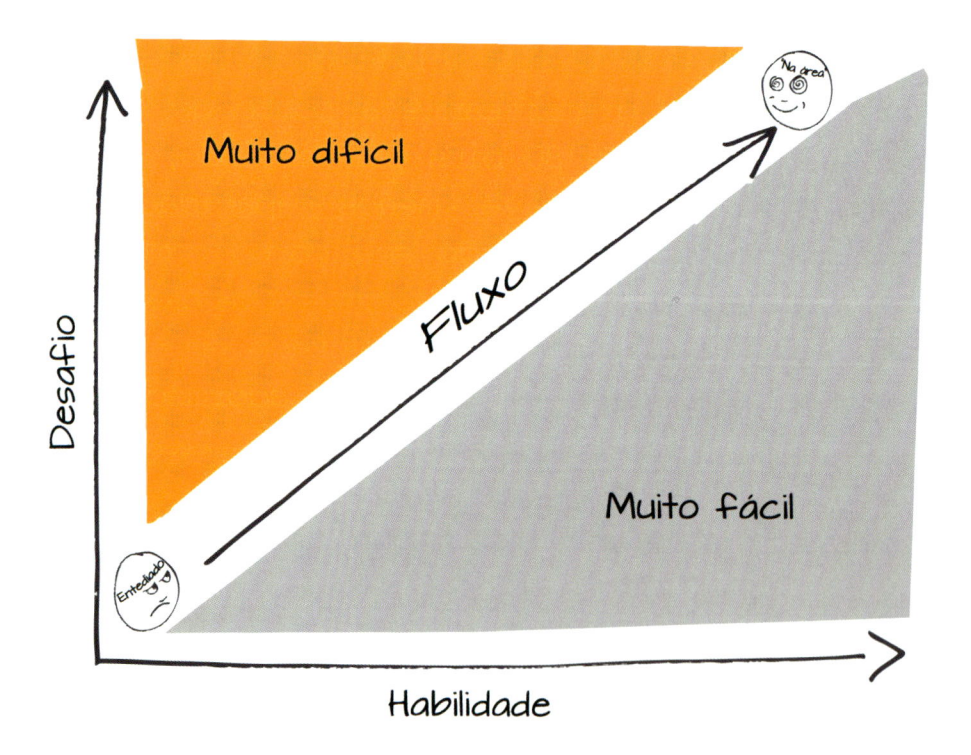

```
Desafio ↑
         | Muito difícil
         |        Fluxo ↗  (Na área)
         |              Muito fácil
(Entediado)
         └──────────────→ Habilidade
```

Em sua pesquisa, Mihaly Csikszentmihalyi descobriu que o fluxo é vivenciado diariamente por 15-20% da população, enquanto 15% afirmam que nunca vivenciaram esse estado.

No estado de fluxo você vivencia:

1. **Absorção total pela atividade**
2. **Perda da noção do tempo**
3. **Perda da autopercepção**

Os componentes das atividades que proporcionam isso são:

1. **Objetivos claros**
2. **O encontro entre um desafio acima da média e a exigência de habilidades acima da média**
3. **Fornece** *feedback* **instantâneo no decorrer da atividade, assim você sabe se a** *performance* **está satisfatória ou se são necessários ajustes**
4. **Controle pessoal – você tem influência direta no resultado da atividade**
5. **Um grau elevado de concentração é fundamental**

Enquanto você estiver tomando a decisão sobre fazer algo e como fazê-lo, certifique-se de que os critérios acima estejam integrados à atividade.

> "Não parece ser verdade que o trabalho precisa ser necessariamente desagradável. Ele pode ser difícil sempre, ou ao menos mais difícil do que não fazer absolutamente nada. Mas há evidências suficientes de que o trabalho pode ser prazeroso e que, de fato, com frequência é a parte mais agradável da vida."
>
> Mihaly Csikszentmihalyi
>
> Fluxo: *A Psicologia da Experiência Ideal*

O que você precisa saber sobre a vida surpreendente de maximizadores e satisfacientes...

Um dos muitos métodos que os psicólogos utilizam para dividir e segmentar as pessoas é saber se desejam "apenas o melhor" (neste caso, seriam maximizadoras) ou se contentam com um "vai quebrar o galho" (neste caso, seriam satisfacientes).

Enquanto você reflete a respeito do seu próximo passo, pode ser útil saber que os satisfacientes tendem a estar mais contentes com suas escolhas que os maximizadores... mesmo que os maximizadores se "saiam melhor".

Pense no exemplo de alguém que chega em casa do trabalho, desaba no sofá e começa a procurar algo legal que esteja passando na televisão.

Um maximizador vai passar por milhares de canais – todos os que estiverem disponíveis – para encontrar o "melhor" canal para assistir.

Enquanto isso, um satisfaciente irá assistir ao primeiro programa que for bacana.

> "Dizem que o homem é um animal racional. Por toda a minha vida tenho procurado evidências que comprovem isso."
>
> Bertrand Russel

Quando finalmente o maximizador houver encontrado o "melhor" programa, é provável que já esteja quase no fim, ou que sejam duas horas da madrugada e que ele tenha de ir dormir.

O conforto que eles encontram está no fato de saber qual teria sido o melhor programa para assistir... Ah, se ao menos eles tivessem conseguido assistir.

Do outro lado, o satisfaciente terá assistido ao programa bacana inteiro e dormirá feliz da vida por ter assistido a algo agradável.

Isso pode soar familiar. Talvez você conheça pessoas de tendências maximizadoras. É possível que você reconheça isso no comportamento de amigos que buscam um par romântico, ou até mesmo em coisas mais triviais, como alguém apertando absolutamente todos os abacates do supermercado para saber qual está melhor.

E o que isso tem a dizer quando você transfere do exemplo hipotético da televisão essa tendência a ser um maximizador/satisfaciente para a situação em que precisa tomar a decisão mais importante da sua vida – tal como escolher uma carreira e desenvolver-se nela...

A impossibilidade de encontrar o emprego perfeito

Sheena Iyengar[19] (que realizou o experimento da geleia já citado anteriormente) e os psicólogos Rachel Wells e Barry Schwartz estudaram a maneira como os maximizadores e os satisfacientes buscam emprego depois de formados na faculdade, e como eles se sentiram a respeito de suas subsequentes carreiras. Eles descobriram que:

No decorrer do processo de pesquisa, os maximizadores **se candidataram para mais vagas de emprego que os** satisfacientes.

Quando os maximizadores recebiam ofertas de emprego, **fantasiavam sobre empregos que eles nem sequer estavam buscando.**

E uma vez que aceitavam um emprego, os maximizadores **lamentavam-se por não ter buscado mais opções.**

Também descobriram que os maximizadores iniciaram **com salários 20% maiores que os** satisfacientes.

Mas, apesar de terem se saído melhor financeiramente, eles se sentiam pior a respeito da própria situação, e mais "pessimistas, estressados, cansados, ansiosos, preocupados, sobrecarregados e deprimidos".

Os cientistas concluíram que a busca pela melhor solução fatalmente tem a decepção como destino final. A melhor solução sempre é ilusória. Todos nós sabemos – o mundo que temos em nossas cabeças é muito melhor do que aquele em que nós vivemos!

O fato é que você precisa conciliar as suas ambições com certo pragmatismo. Tome uma decisão que vá lhe satisfazer e insista nela.

Como disse o brilhante matemático, filósofo, libertário, ativista pelos direitos da mulher e fundador controverso da Campanha pelo Desarmamento Nuclear, Bertrand Russel – em linguagem iconicamente precisa:

"Quando uma decisão difícil ou importante precisa ser tomada, assim que possuir todas as informações possíveis, pense o melhor que conseguir no assunto e tome a decisão; tendo feito a escolha, não a revise, a menos que novos fatos venham à tona. Nada é tão exaustivo quanto a indecisão, e nem tão fútil".

PARTE 6

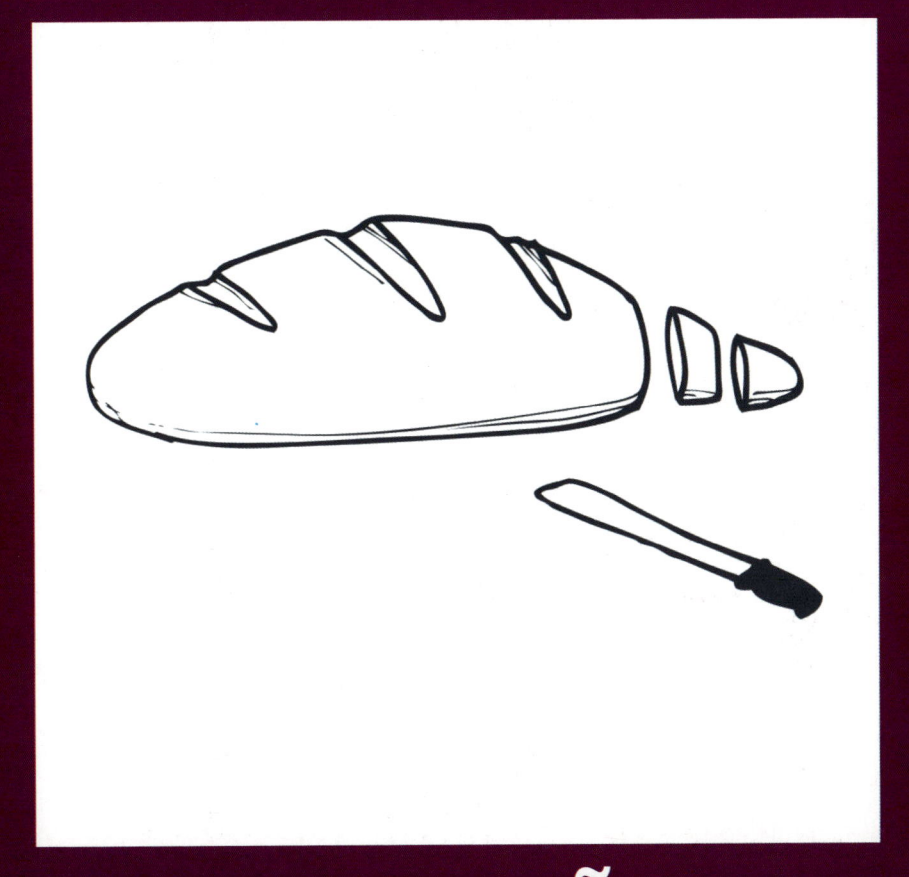

... E AÇÃO

"Espere!"

Ursinho Puff

"Como se faz para comer um elefante? Dando uma mordida por vez."

Ditado Popular

Aqui

Esta é a calmaria que precede a tempestade.

Pare um pouco para respirar antes de se atirar ao mundo da iniciativa, porque o que você precisa neste momento é de um pouquinho de planejamento.

Uma vez munido de um plano astucioso, serão pagos os dividendos para descobrir quais são as atitudes e hábitos que o ajudarão a concretizar seu plano e quais deles irão apenas ficar no seu caminho e atrapalhá-lo.

UM POUQUINHO DE PLANEJAMENTO

A força de vontade por si só não levará você aonde deseja ir.

Você precisa de um plano. Sem planejamento, as possibilidades de sucesso na escalada do seu Monte Everest pessoal são apenas ligeiramente maiores que suas chances de ganhar na loteria.

Elaborar um bom plano começa com a definição dos objetivos corretos.

Qual é o seu objetivo?

Mas, antes, você pode estar pensando que já conversamos sobre isso, certo?

O objetivo é a coceira?

É, bem... sim e não.

Definir o objetivo de um plano é definir um objetivo que seja sensato e realizável. Em suma, é preciso que seja prático. Sua coceira pode ser a vontade de se tornar um alpinista mundialmente famoso, ter o próprio negócio, viajar pelo mundo, ser artista. Porém, para transformar isso em realidade, é preciso concretizar os detalhes correspondentes ao seu desejo – montar uma fazenda de cultivo orgânico em nove meses; adquirir uma passagem de volta ao mundo até o Natal; montar um *vernissage* das suas dez melhores pinturas.

Mantenha os pés no chão

O PROBLEMA DOS OBJETIVOS DE FANTASIA

Mantenha sempre um olho aberto para os objetivos inapropriados. Uma armadilha em que os falastrões sempre caem é definir deliberadamente uma meta impossível ou tão distante que é praticamente uma garantia de fracasso.

E isso nos faz levantar a pergunta: por que eles fazem isso?

Bem, acontece que quem opta por metas fantásticas são justamente os mais paralisados pelo medo do fracasso.

E o motivo pelo qual escolhem objetivos fadados ao fracasso é a antecipação do medo de fracassarem. O fracasso torna-se aceito. Então, o que conquistam ao proclamar a busca por objetivos que nem eles nem ninguém acreditam ser alcançáveis é a libertação da possibilidade de fracassarem.

Infelizmente, o objetivo passa então a existir no plano da fantasia, e o falastrão nunca é chamado a prestar contas pela vida real.

Na realidade, eles estão livres do fardo de realmente começarem.

O método **S.M.A.R.T.** para estabelecer objetivos foi desenvolvido pelo escritor Paul J. Meyer.[20] Ele forma um quadro para auxiliá-lo a afixar uma meta atingível.

É descrito pelo também escritor Robert Kelsey[21] da seguinte maneira:

Específico (em vez de "perder peso", "perder 4,5 quilos")
Mensurável ("perder 4,5 quilos até junho")
Realizável (dentro dos limites do possível – viajar a Marte, por exemplo, só daqui a algumas gerações)
Realismo (é possível que meia maratona seja mais razoável para este ano, e no ano que vem a maratona inteira)
Cronometrado (vai ser em "junho")

Estabelecer uma meta que seja realista, realizável e que possa ser medida é fundamental:

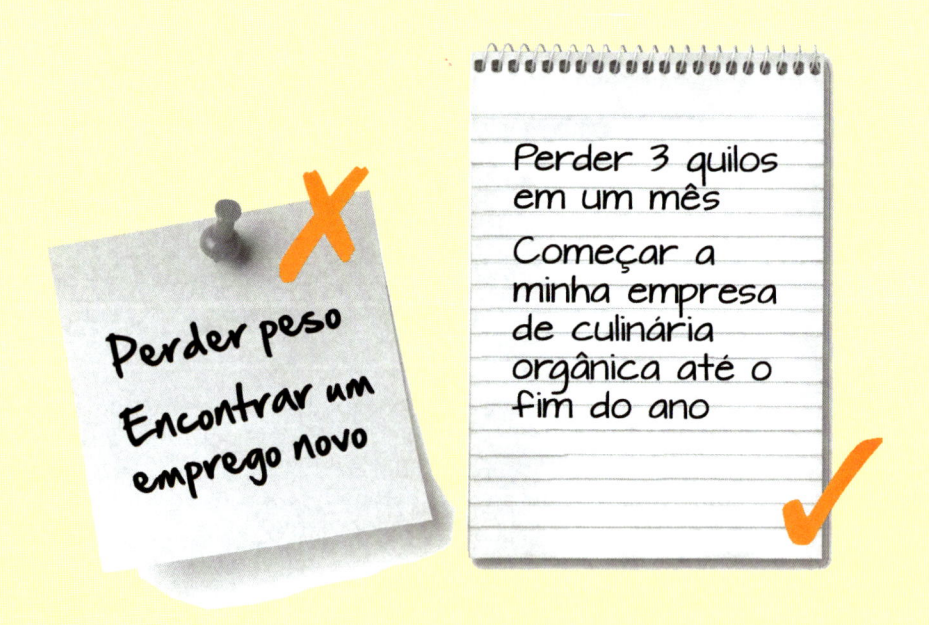

Perder peso
Encontrar um emprego novo

Perder 3 quilos em um mês
Começar a minha empresa de culinária orgânica até o fim do ano

Isso não irá funcionar.   Isso irá.

OBJETICE

Procure em seus objetivos algum sintoma que aponte para objetice ("a busca por objetivos idiotas").

Caso você sofra de objetice, então está tão obcecado pela projeção da sua meta que ignora a realidade prática da sua situação. Na verdade, você fantasia e pensa que de alguma maneira mágica a realização do seu objetivo irá salvá-lo do trabalho duro, dos sacrifícios e escolhas que você precisa fazer ao longo do caminho.

Essa fuga da realidade leva a um comportamento imprudente; sua obsessão é tal que pode levá-lo a assumir riscos financeiros antiéticos, aceitar riscos pessoais ou, pior, colocar em risco a segurança da sua família.

Ou seja, você está, desde o presente momento, advertido a manter os pés plantados no chão enquanto as suas ambições sobem.

O fenômeno objetice foi retratado por D. Christopher Kayes,[22] que estudou a expedição desastrosa de 1996 para o Monte Everest, quando alpinistas amadores pagaram grandes somas a alpinistas profissionais para serem levados ao cume da montanha mais alta do mundo.

Enquanto as condições climáticas mudavam durante a escalada, os alpinistas relevaram suas próprias habilidades e experiência em razão do foco exclusivo em alcançar o cume, diz Kayes. Em um contexto diferente, eles teriam tomado atitudes distintas e retornado.

Mas, com a determinação de conquistar a montanha, eles ignoraram a realidade e a expedição culminou em oito pessoas mortas e outras com ferimentos graves e permanentes.

Kelsey resume as seis características da objetice de Kayes:

- Um objetivo definido de modo fechado (subir ao cume)

- Expectativa do público (os alpinistas eram pessoas ambiciosas – incluindo um autor famoso –, extremamente preocupadas com sua imagem dentro e fora do grupo)

- Comportamento típico de quem quer livrar a própria cara (tanto dos amadores quanto dos profissionais, que talvez tenham relevado sinais de perigo apenas para manter a credibilidade)

- O sonho por um futuro idealizado (o de escalar o Everest)

- Justifica-se com a própria meta (se a meta se torna "tudo", ela será usada como justificativa para decisões irracionais e perigosas)

- Senso de destino

Isso o faz lembrar-se de algo?

"Um sonho é a sua visão criativa para o futuro da sua vida. Um objetivo é o que você pretende, especificamente, fazer acontecer.

Sonhos e objetivos devem estar além do seu alcance atual, mas nunca fora do seu campo de visão. Sonhos e objetivos são as prévias da própria vida."

Joseph Campbell

Planejando

Uma vez que temos um objetivo adequadamente definido, precisamos de um plano.

O plano irá

i) estruturar a jornada inteira em pequenas partes possíveis de serem alcançadas e

ii) estabelecer um caminho a ser rigorosamente seguido.

`Quebre em pedaços`

Isso é fundamental. Quando vista de longe, a jornada que vai da tagarelice à ação pode parecer tão grandiosa que chega a ser paralisante.

Ao examinar as partes constituintes do todo, o projeto torna-se menos intimidador; ele permite que você foque a sua energia nos elementos certos e que os conclua na ordem correta.

Por exemplo, perder 4,5 quilos em um mês soa mais realista do que perder 13 quilos em um ano. Desse modo, você consegue medir o seu progresso, premiar-se e reagir, no caso de o seu plano esbarrar em limites da realidade.

E pode ter certeza de que, seja qual for o seu plano, ele passará por provações assim que encarar a vida real.

Como disse o marechal de campo Helmuth von Moltke, detentor da mais alta patente do Exército Prussiano, no século XIX:

"Nenhum plano sobrevive ao contato com o inimigo".

Isso não significa que os planos sejam inúteis, mas o seu plano talvez precise ser adaptado de vez em quando, uma vez que você começar a implementá-lo.

"Quanto mais velho eu fico, mais sensatez eu vejo na antiga regra de se começar pelo início. Um processo que frequentemente reduz o problema mais complexo a uma proporção manejável."

Dwight D. Eisenhower

O caminho crítico

Esse é um termo para projetos administrativos, utilizado em negócios, para determinar a sequência em que uma equipe deve realizar tarefas para alcançar um objetivo em determinado período de tempo. Quando um evento é atrasado em um dia, o projeto inteiro será atrasado em um dia.

Para nós, falar em caminho crítico é dizer que você precisa ver em qual ordem os pedaços do seu plano precisam ser completados para que você consiga o resultado que almeja.

Comece Pelo Início

Mas como é que funciona? Bem, vamos pegar o exemplo de montar um negócio próprio. Quais são os passos que você precisa dar e em que ordem eles devem ser dados para você ter a maior chance possível de sucesso? Uma coisa é certa: não transforme a sua vida antes de ter elaborado um bom caminho crítico!

Digamos que você queira inaugurar um café orgânico, mas está trabalhando atualmente em Recursos Humanos. O seu "caminho crítico" começaria pela pesquisa e planejamento – tudo isso a ser feito em seu "tempo livre", e é assim que o seu caminho deve ficar:

Caminho para o sucesso em um café orgânico

Local: Onde você vai abrir o seu café orgânico? No centro de uma cidade será bem mais caro do que no litoral. Esse projeto é parte de um plano para a mudança do seu estilo de vida ou apenas da sua vida profissional?

Custo: Quanto isso vai custar a você? Você vai alugar ou comprar o local? Qual precisará ser o tamanho do seu quadro de funcionários? Você precisará investir em equipamentos ou em mobílias? Quanto estoque será preciso comprar? Quanto você irá cobrar pelos pratos? Qual a margem de lucro necessária para você conseguir lucrar? E assim por diante.

Plano de negócios: Assim que tiver uma boa noção do custo, comece o plano de negócios. Abrir um negócio sem um plano de negócios é como cruzar o mar desprovido de uma bússola. Não é das melhores ideias.

Levante o dinheiro: Agora que você se decidiu por um local, já sabe quanto tudo vai custar, como tirar lucro e qual a reserva de dinheiro necessária para chegar até o fim... precisa dar um jeito de conseguir o dinheiro. Talvez você opte por hipotecar a sua casa, ou por usar as suas economias. Você pode pegar um empréstimo ou reduzir as proporções do seu negócio. Pode até mesmo combinar todas as alternativas acima.

Salto: Organizadas as finanças, você estará pronto para

... saltar!

E se você não estiver abrindo um negócio?

Bem, as mesmas regras se aplicam independentemente de você ter resolvido mudar para o litoral, trocar de carreira, correr a maratona ou entrar naquele vestido.

Simplificando, você precisa saber os passos a dar e a ordem em que deve dá-los para conseguir o que quer.

Quando tiver isso, as suas chances de sucesso sobem exponencialmente.

Coisas que o ajudam em sua jornada e coisas a se jogar fora

Agora que você está se aprofundando no universo da ação, deve usar todas as ferramentas que puder para garantir que vai manter o curso... e seja cuidadoso para não se fiar a reflexões e atividades que consomem muito da sua energia e não ajudam.

Felizmente temos, como ajuda, um estudo feito com 5 mil pessoas ao redor do globo por Richard Wiseman, o único professor na Inglaterra da matéria Compreensão Pública de Psicologia.

O autor do livro *59 Seconds*",[23] bastante recomendável, elaborou cinco passos que ajudam a manter a motivação ao longo do curso de um projeto... e cinco que fazem o contrário...

Cinco ações que ajudam

Todas estas atividades trarão benefícios psíquicos e comprovadamente o ajudarão a coçar a sua coceira.

✓ 1 – Comprometimento público

Conte os seus planos a pessoas próximas a você, amigos, família, colegas de trabalho, e comprometa-se perante eles a levar a cabo o seu planejamento. As pessoas têm mais probabilidade de finalizar um projeto se suas ambições vêm a público. E claro que, em tempos difíceis, você só receberá apoio daqueles que souberem da batalha que você está travando.

✓ 2 – Um passo de cada vez

Divida o seu plano em partes, como discutido. Ao transformar suas tarefas em algo realizável e breve, você reduz a chance de se intimidar e aumenta as chances de conseguir pequenos sucessos.

✓ 3 – Recompensas ao longo do caminho crítico

E celebre cada sucesso que conquistar pelo caminho! Compre um doce (a menos que o excesso de peso seja o que o incomoda!); compre flores; escute música; descanse por uma noite. O que parecer mais apropriado.

✓ 4 – Registre

Criar um registro físico do seu progresso pode ajudá-lo. Manter um diário, criar gráficos da sua jornada, desenhar momentos... todas essas coisas ajudam a manter o processo vívido; lembre-se do que já foi conquistado e mantenha o foco no próximo passo.

✓ 5 – Faça-o pelas razões corretas

Lembrar-se constantemente dos motivos bons que o levam a trabalhar duro em busca do seu objetivo ajudará a mantê-lo no caminho. Sejam as roupas que você vai usar quando perder peso, ou as decisões que poderá tomar quando se tornar seu próprio chefe – pensar em coisas desse tipo ajuda muito.

Cinco ações que *não* ajudam

Na melhor das hipóteses, estas ações são neutras. Já que não ajudam, não gaste sua energia com elas.

×1– Tentar manter a motivação por meio da admiração utópica por alguém

Como Wiseman escreveu em *59 Seconds* sobre os participantes de sua pesquisa: "[Pessoas que colocam] uma foto da Elle Macpherson ou Richard Branson na porta da geladeira tendem a não entrar naquela roupa, nem alcançar as ambições profissionais que eram tão importantes para elas".

×2 – Fazê-lo pelos motivos equivocados – pensar no fracasso ou em como você detesta o que faz

Tentar motivar a si mesmo pensando em como você é infeliz por ter uma coceira ignorada, ou em quão mal você vai se sentir se fracassar, não o ajudará em nada. Pensamentos negativos como esses não ajudarão você a focar a sua energia e disciplina nas metas que foram estabelecidas.

×3 – Suprimir pensamentos prejudiciais

Você não pode manter a dieta somente se recusando a pensar em bolo de nata. Quanto mais energia você colocar em tentar não pensar em algo, tanto mais energia enviará naquela direção. Não pense em um elefante rosa por 10 minutos... entendeu agora?

×4 – Fantasiar sobre realizar o seu objetivo

Aqueles que sonham acordados sobre como a vida será maravilhosa quando concretizarem seus sonhos provavelmente nunca chegarão lá. Como estão focados em alcançar o sucesso, e não no processo de chegar ao sucesso, estão despreparados para os solavancos e tropeços que virão pelo caminho. Além disso, eles provavelmente têm mais chances de se desapontar com a distância entre o lugar que ocupam hoje e o lugar em que gostariam de estar. A moral da história é que, embora seja gostoso fantasiar sobre as conquistas, isso não vai ajudá-lo a chegar lá!

×5 – Acreditar que basta apenas ter força de vontade

Força de vontade não é um plano e muito menos uma estrutura de suporte. Ela é importante, mas não poderá carregá-lo pelo caminho inteiro. Acreditar que munido apenas dela você estará preparado, adecepção é certa.

[Fonte: *59 Seconds*, Professor Richard Wiseman, Pan Macmillan, 2009]

A ineficácia em utilizar exclusivamente a força de vontade como meio para conquistar até mesmo um objetivo de médio prazo foi comprovada uma vez mais por psicólogos em posse de marshmallows!

Os pesquisadores disseram a um grupo de crianças de 4 anos de idade, em testes individuais, que elas receberiam um marshmallow caso resistissem à tentação de comer algum dos outros marshmallows que estavam sobre a mesa, e assim eles deixavam as crianças sozinhas na sala durante 20 minutos. As crianças que encararam o marshmallow com cara de sofrimento e que tentaram atravessar esse difícil momento apoiados na força de vontade, falharam.

Aquelas que conseguiram resistir, focaram suas energias na MANEIRA como passariam esse tempo – elas cantarolavam, cobriam os olhos e andavam em círculos pela sala. Muitos anos depois, os pesquisadores buscaram encontrar as crianças – a essa altura já adolescentes. Aqueles que venceram o teste dos 20 minutos e demonstraram suas habilidades em "postergar o prêmio", e em controlar seus impulsos, haviam conquistado vidas mais realizadas e foram avaliados como mais ajustados psicologicamente; também obtiveram resultados significativamente maiores em seus SATs.[24]

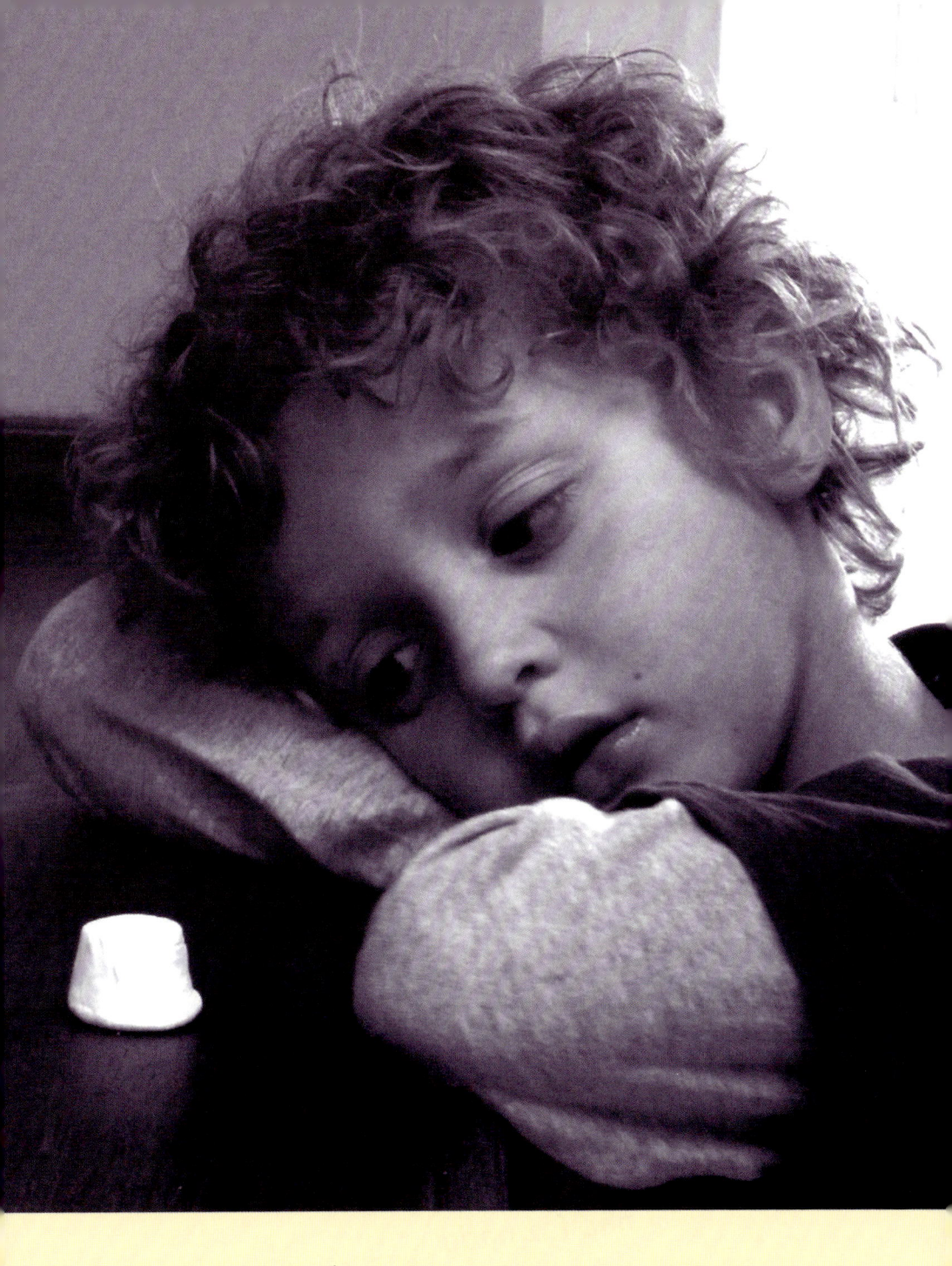

Isso não vai funcionar.

UM *SLOGAN* PESSOAL

Sim – escutem isso, cínicos – você precisa de um.

Um *slogan*. Um mantra. Algo que o ajude a construir os hábitos positivos que o farão ir ao encontro, e finalmente alcançar a ação constante.

E também funciona como um martelo para você se bater na cabeça caso comece a se esgueirar de volta ao mundo barulhento e sem rumo da tagarelice.

Então escolha um *slogan*. Invente um. Faça o que for melhor para você.

Digamos que você escolha "FALAR É FÁCIL" – cole-o no espelho do seu banheiro, na luminária da sua escrivaninha, na sua geladeira, onde você precisar dele.

Ou faça dele o papel de parede do seu computador ou do seu celular.

Feche a matraca

Pare de enrolar

Chega de papo

Falar é fácil

Fala muito e não faz nada

- Ponha em prática
- Um pouquinho menos de conversa e um pouquinho mais de atitude, por favor
- **Atitudes dizem mais do que palavras**
- O arrependimento pesa mais que o medo
- "Não é tagarelice quando você se banca"
- Seja um competidor
- Você precisa estar na luta para ganhá-la
- Eu SOU um competidor
- **Está na hora de agir**
- Carpe diem: aproveite o dia
- Minha palavra é minha obrigação
- Vamos dançar
- ... Tic-Tac

E AGORA?

Agora, segure a vida pelo colarinho, sacuda-a, molde-a e seja o dono dela.

Você conhece a sua coceira. Traduziu-a em um objetivo mensurável e alcançável.

Você se conhece o bastante para saber se vai se comprometer a fazer essa mudança na sua realidade.

Você sabe que precisa de um plano.

Você sabe o que vai ajudá-lo e o que não vai.

Você sabe que o arrependimento pesa bem mais do que o medo.

Você sabe que o relógio certamente não para e não tem remorso.

Você sabe que o ferrão na cauda da vida é o jeito como ela voa, enquanto você faz coisas importantes e também as desimportantes.

E AGORA É COM VOCÊ.

Como disse o monge tibetano, na história da página 7:
"A questão é que, se você não colocar as pedras maiores primeiro, elas nunca mais entrarão. Quais são as suas prioridades?"

Todo mundo possui desafios únicos. Você precisa encarar os próprios demônios e lidar com as dificuldades das suas circunstâncias pessoais.

Pode ser que o caminho mais adequado para você seja servir mesas à noite, viver com seus pais e guardar o seu dinheiro para ir viajar ou para administrar o seu negócio de *design* gráfico durante o dia.

Pode ser também que sua idade seja muito avançada, que você seja orgulhoso ou alienado demais; que tenha filhos, ou more excessivamente longe para conseguir fazer aquilo. Neste caso, essa é a sua realidade e você deve elaborar um plano que se enquadre nela.

Talvez você descubra que a sua coceira é uma vontade de expressar-se por meio de alguma forma de arte. Neste caso, é preciso se perguntar se deve manter o seu emprego de dia e se confortar com o fato de que o seu emprego "que não é dos sonhos" o ajuda a custear a sua produção artística no fim do dia.

As situações são infinitas como grãos de areia, quase tão abundantes quanto as desculpas que as pessoas criam para irem atrás de seus sonhos.

Se você vai fazê-lo, você já sabe.

Comece.

Me empurraram!

Referência Bibliográfica

1. (P. 7) The Art of Looking Sideways, Alan Fletcher, Phaidon, 2001.
2. (P. 24) Tribes, Seth Godin, Piatkus Books, 2008.
3. (P. 36) Drive, Daniel H. Pink, Canon Gate, 2011.
4. (P. 36) *Creating a World without Poverty – Social Business and the Future of Capitalism*, Muhammad Yunus, PublicAffairs, 2009.
5. (P. 41) "How many people have ever lived on Earth", de Carl Haub, Population Reference Bureau.
6. (P. 53) "Think Tank: Ever felt like your job isn't what you were born to do? You're not alone", de Daniel Pink no jornal *The Sunday Telegraph*, 26 de fevereiro de 2011.
7. (P. 55) *A Theory of Human Motivation*, Abraham Maslow, *Psychological Review*, 1943.
8. (P. 70) *The Conquest of Happiness*, Bertrand Russell, George Allen & Unwin, 1930.
9. (P. 93) *The Spotlight Effect in Social Judgement: An Egocentric Bias in Estimates of the Salience of One's Own Actions and Appearance*, Thomas Gilovich, da Universidade de Cornell, Victoria Husted Medvec, da Universidade de Northwestern, e Kenneth Savitsky do Williams College.
10. (P. 110) *"To Do or To Have? That is the Question"*, Leaf van Boven, da Universidade do Colorado, em Boulder, e Thomas Gilovich, da Universidade de Cornell, *Journal of Personality and Social Psychology*, 2003.
11. (P. 115) *The Case for Working With Your Hands*, Matthew Crawford, Penguin, 2010.
12. (P. 124) *The Procrastination Equation*, Piers Steel, Prentice Hall, 2010.
13. (P. 127) "On finished and unfinished tasks." De Bluma Zeigarnik, em W.D. Ellis (Ed.), *A Sourcebook of Gestalt Psychology*, Humanities Press, 1938.
14. (P. 129) The marshmallow challenge, <www.marshmallowchallenge.com>
15. (P. 132) *Obliquity*, John Kay, Profile Books, 2011.
16. (P. 147) Nicholas Carr, em entrevista para a revista *Esquire*, em 2010.

17. (P. 148) "When choice is demotivating. Can one desire too much of a good thing?" Sheena S. Iyengar da Universidade de Columbia e Mark R. Lepper, da Universidade de Stanford, *Journal of Personality and Social Psychology*, 79 (6), dezembro de 2000.

18. (P. 151) *Flow: The Psychology of Optimal Experience*, Mihaly Csikszentmihalyi, Harper Perennial, 1991.

19. (P. 158) "Doing Better but feeling worse: Looking for the 'Best' job undermines Satisfaction", Sheena S. Iyengar e Rachel E. Wells, da Universidade de Columbia, e Barry Schwartz, do Swarthmore College, *Psychological Science*, 17 (2), 2006.

20. (P. 168) *Attitude is Everything*, Paul J. Meyer.

21. (P. 168) *What's Stopping You?* Robert Kelsey, Capstone, 2011.

22. (P. 169) *Destructive Goal Pursuit*, D. Christopher Kayes, Palgrave Macmillan, 2006.

23. (P. 176) *59 Seconds*, Richard Wiseman, Pan Macmillan, 2009.

24. (P. 178) O experimento Stanford Marshmallow foi desenvolvido pelo professor Walter Mischel, da Universidade de Stanford.

Ilustrações e Imagens

P. 13 Estrada Rural Deserta – © travellinglight/istockphoto.com

P. 15, 126, 138, 183 Escorpião Imperador – © John Bell/istockphoto.com

P. 18 Silhueta de um Escorpião – © Thomas Seybold/istockphoto.com

P. 22, 26, 34, 38 Mãos Enumerando – © Yunus Arakon/istockphoto.com

P. 42 "Young e Ali na Luta pelo Título Mundial dos Pesos-Pesados em 1976" (2005 GettyImages/gettyimages.co.uk)

P. 45 Mosquito – © Henrik Larsson/istockphoto.com

P. 48 Silhueta de Mosquito – © David Szabo/istockphoto.com

P. 49, 168, 181 Adesivo de Notas Amarelo – © Uyen Le/istockphoto.com

P. 49, 168 Caderno de notas isolado e em branco – © rusm/istockphoto.com

P. 58 Lata de tinta com texto branco – © John Clines/istockphoto.com

P. 65 Multidão Aplaudindo – © Stephen Spraggon/istockphoto.com

P. 66 Pirâmide humana – teamwork – © Mlenny Photography/istockphoto.com

P. 72 Megafone – © Alex Slobodkin/istockphoto.com

P. 77 Garoto pulando do rochedo – Can Balcioglu/Shutterstock.com

P. 86 Um banheiro – Ammit/Shutterstock.com

P. 90 Escritura na Pedra – © italianestro/istockphoto.com

P. 93 Vestimenta, Camiseta – © Jason Lugo/istockphoto.com

P. 99 Escada – © Bertold Werkmann/istockphoto.com

P. 102 Jato Eurofighter (Typhoon)– Sascha Hahn/Shutterstock.com

P. 104 Fotografia de um Iogue em Varanasi, Índia, por Herbert Ponting, 1907, Wikipedia.org

P. 106 Filhote de Dachshund cavando na areia da praia – Denis Babenko/Shutterstock.com

P. 112 'Ulysses and the Sirens' (1891) de John William Waterhouse (1849-1917), retirado de Wikipedia.org

P. 114 Fotografias de grafites, por Richard Newton

P. 115 Comercial de televisão dos anos 1950 – © james steidl/istockphoto.com

ILUSTRAÇÕES E IMAGENS

P. 117 Galo entusiasmado cruzando a linha de partida, fotografia de Rita Deavoll. Descobrimos que esta foto havia sido tirada por uma mulher na Nova Zelândia durante suas férias nas Ilhas Cooke. Então, enviamos um *e-mail* à Rita explicando o nosso pedido inusitado de aprovação para utilizarmos a foto e ela generosamente enviou-nos a foto original, junto com seus melhores votos. Isso mostra como o mundo está conectado e como pode ajudar você quando a iniciativa é tomada!

P. 123 Adiamento – © esolla/istockphoto.com

P. 125 Waldorf Astoria Hotel © 1988 by James G. Howes

P. 128 Marshmallows – Lori Sparkia/Shutterstock.com

P. 141 Caixa de chocolates sortidos – Mpanch/Shutterstock.com

P. 148 Um pote de Geleia de frutas vermelhas isolado – © Yuri Shirokov/Shutterstock.com

P. 159 'Lord Bertrand Russell' (Gamma-Keystone via Getty Images/gettyimages.co.uk)

P. 179 Fotografia de uma criança encarando com expressão de desânimo um marshmallow, fornecida pela sua mãe

P. 180, 181 Adesivos amarelos – © MilaLiu/Shutterstock.com

P. 180, 181 Adesivos de notas realistas vermelhos com as pontas dobradas – © sovisdesign/Shutterstock.com

P. 180, 181 Adesivos de Nota Brancos – © U.P.images_vector/Shutterstock.com

P. 191 Foto do Autor Richard Newton foi reproduzida com a permissão de Laura Lewis (www.lauralewisphotography.co.uk)

Ilustrações fornecidas por Jonathan Marsh: páginas 9, 12, 25, 37, 68, 166, 185

Ilustrações fornecidas por Curtis Allen (www.curtisallen.co.uk): páginas 50, 60, 63, 75, 134, 174

Todas as outras por Richard Newton: páginas 27, 41, 54, 82, 137, 154, 161

AVISO LEGAL

Designações utilizadas por companhias para distinguir seus produtos são comumente reivindicadas como marcas registradas. Todos os nomes de produtos e de marcas utilizados neste livro são nomes registrados, serviços registrados, marcas registradas de seus respectivos proprietários. O editor não está associado a nenhum produto ou vendedor citado nesta obra. A presente publicação tem a intenção de fornecer informações corretas e indiscutíveis no que diz respeito ao assunto tratado. É tornado público aqui a informação de que o editor não pretende colaborar com serviços profissionais de outrem. Caso haja necessidade de orientação profissional ou qualquer outro tipo de assistência especializada, deverá ser consultado um profissional apto.

Formada pela Faculdade de Economia de Londres, Sháá Wasmund teve um início de carreira incomum. Aos 22 anos, ela ganhou uma competição para entrevistar o campeão dos pesos-médios, o boxeador Chris Eubank, e acabou ajudando-o a promover sua luta seguinte, que obteve público de 48 mil na plateia e 18 milhões de telespectadores. Sháá continua sendo uma entusiasta do boxe.

Pouco depois ela estruturou sua agência de Marketing e Relações Públicas e conquistou a então desconhecida empresa de aspiradores de pó Dyson como uma de suas primeiras clientes. Trabalhar ao lado de *sir* James Dyson para ajudá-lo a tornar Dyson uma marca mundial ensinou a Sháá muito mais do que qualquer MBA. Até hoje, Sháá considera James uma das maiores fontes de inspiração de sua vida.

O caso de amor entre Sháá e a internet começou depois que ela virou um dos membros fundadores da diretoria da empresa virtual de turismo de Bob Geldof. Um ano depois, Sháá levantou uma quantia substancial de dinheiro para lançar o **mykindaplace.com**, uma das primeiras redes sociais. A companhia foi, depois, vendida para a BSkyB.

Sháá é uma prolífica oradora pública, nativa do mundo digital e fervorosa campeã dos pequenos negócios. Entre outras honras recebidas, ela foi eleita pelo *Institute of Directors* uma das Mulheres Mais Conectadas do Reino Unido; também figurou na lista da *Management Today's* das "35 pessoas abaixo dos 35", e apareceu como uma das "Jovens Promessas" na revista *Growing Business*.

Em 2009, Sháá lançou **Smarta.com**, principal site de recursos para pequenos negócios do Reino Unido. A Smarta é uma plataforma de negócios altamente inovadora que fornece conselhos, networking e ferramentas para donos de empresas, e conta com os empreendedores Theo Paphitis, Deborah Meaden e Michael e XochiBirch. Em 2011, Sháá lançou a "Smarta Business Builder", uma revolucionária ferramenta de armazenamento nas nuvens voltada para negócios.

Siga Sháá no Twitter: @Shaawasmund

Richard Newton é empresário, consultor e escritor. Depois de quase dez anos escrevendo sobre negócios no *The Sunday Telegraph*, *The Mail on Sunday* e outros, Richard decidiu mudar de vida, pôr o discurso em prática e abrir o seu próprio negócio. Ele é cofundador de uma companhia de *software* que fornece soluções administrativas para as maiores empresas do mundo voltadas ao consumidor.

Ele agora é cofundador, conselheiro da diretoria e/ou mentor em diversas empresas de tecnologia e empresas *start-ups*, como Screendragon, CallTrunk e Txt2Buy.

Ele administra a empresa de consultoria Newton Principals e escreve sobre criatividade nos negócios, a importância de uma boa linguagem de negócios e a urgência de FAZER AS COISAS!

Ele escreve em **Richard-newton.com** e também pode ser contatado em @richnewton.

Nota do Editor

A Madras Editora não participa, endossa ou tem qualquer autoridade ou responsabilidade no que diz respeito a transações particulares de negócio entre o autor e o público.
Quaisquer referências de internet contidas neste trabalho são as atuais, no momento de sua publicação, mas o editor não pode garantir que a localização específica será mantida.

Este livro foi composto em Minion Pro, corpo 11,5/13.
Papel Couche 90g
Impressão e Acabamento
Orgráfic Gráfica e Editora — Rua Freguesia de Poiares, 133 —
Vila Carmozina — São Paulo/SP
CEP 08290-440 — Tel.: (011) 6522-6368 — comercial@terra.com.br